DIREITO DO TRABALHO NO STF

18

i

GEORGENOR DE SOUSA FRANCO FILHO

*Desembargador Federal do Trabalho do Tribunal Regional do Trabalho da 8ª Região.
Doutor em Direito pela Faculdade de Direito da Universidade de São Paulo.
Doutor Honoris Causa e Professor Titular de Direito Internacional e de
Direito do Trabalho da Universidade da Amazônia. Presidente Honorário da Academia
Brasileira de Direito do Trabalho. Membro da Academia Paraense de Letras.*

DIREITO DO TRABALHO NO STF

18

EDITORA LTDA.

© Todos os direitos reservados

Rua Jaguaribe, 571
CEP 01224-001
São Paulo, SP — Brasil
Fone (11) 2167-1101
www.ltr.com.br

Maio, 2015

versão impressa — LTr 5261.7 — ISBN 978-85-361-8395-4
versão digital   — LTr 8700.2 — ISBN 978-85-361-8406-7

Dados Internacionais de Catalogação na Publicação (CIP)
(Câmara Brasileira do Livro, SP, Brasil)

Franco Filho, Georgenor de Sousa
  Direito do trabalho no STF, 18 / Georgenor de Sousa Franco Filho. — São Paulo : LTr, 2015.

  Bibliografia

  1. Direito do trabalho 2. Direito do trabalho — Brasil 3. Brasil. Supremo Tribunal Federal I. Título.

15-02277   CDU-34:331:347.991(81)

Índices para catálogo sistemático:
  1. Brasil : Direito do trabalho : Supremo Tribunal
       Federal   34:331:347.991(81)

PRINCIPAIS OBRAS DO AUTOR

De autoria exclusiva

1. *Direito do mar.* Belém: Imprensa Oficial do Estado do Pará, 1974 (esgotado).
2. *A proteção internacional aos direitos humanos.* Belém: Imprensa Oficial do Estado do Pará, 1975 (esgotado).
3. *O Pacto Amazônico:* ideias e conceitos. Belém: Falângola, 1979 (esgotado).
4. *Imunidade de jurisdição trabalhista dos entes de direito internacional público* (Prêmio "Oscar Saraiva" do Tribunal Superior do Trabalho). São Paulo: LTr, 1986 (esgotado).
5. *Na vivência do direito internacional.* Belém: Cejup, 1987 (esgotado).
6. *Na Academia:* imortal por destino. Mosaico cultural (em colaboração). Belém: Falângola, 1987 (esgotado).
7. *Guia prático do trabalho doméstico.* Belém: Cejup, 1989 (esgotado).
8. *A arbitragem e os conflitos coletivos de trabalho no Brasil.* São Paulo: LTr, 1990 (esgotado).
9. *Liberdade sindical e direito de greve no direito comparado (lineamentos).* São Paulo: LTr, 1992.
10. *Relações de trabalho na Pan-Amazônia: a circulação de trabalhadores* (Tese de Doutorado na Faculdade de Direito da Universidade de São Paulo). São Paulo: LTr, 1996.
11. *A nova lei de arbitragem e as relações de trabalho.* São Paulo: LTr, 1997.
12. *Globalização & desemprego:* mudanças nas relações de trabalho. São Paulo: LTr, 1998.
13. *Direito do trabalho no STF (1).* São Paulo: LTr, 1998.
14. *Competência Internacional da Justiça do Trabalho.* São Paulo: LTr, 1998.
15. *O servidor público e a reforma administrativa.* São Paulo: LTr, 1998.
16. *Direito do trabalho no STF (2).* São Paulo: LTr, 1999.
17. *Tratados internacionais.* São Paulo: LTr, 1999.
18. *Direito do trabalho no STF (3).* São Paulo: LTr, 2000.
19. *Globalização do trabalho:* rua sem saída. São Paulo: LTr, 2001.
20. *Direito do trabalho no STF (4).* São Paulo: LTr, 2001.
21. *Direito do trabalho no STF (5).* São Paulo: LTr, 2002.
22. *Direito do trabalho no STF (6).* São Paulo: LTr, 2003.
23. *Direito do trabalho no STF (7).* São Paulo: LTr, 2004.
24. *Ética, direito & justiça.* São Paulo: LTr, 2004.
25. *Direito do trabalho no STF (8).* São Paulo: LTr, 2005.
26. *Direito do trabalho no STF (9).* São Paulo: LTr, 2006.
27. *Trabalho na Amazônia:* a questão dos migrantes. Belém: Unama, 2006.
28. *Direito do trabalho no STF (10).* São Paulo: LTr, 2007.
29. *Direito do trabalho no STF (11).* São Paulo: LTr, 2008.

30. *Direito do trabalho no STF (12)*. São Paulo: LTr, 2009.
31. *Avaliando o direito do trabalho*. São Paulo: LTr, 2010.
32. *Direito do trabalho no STF (13)*. São Paulo: LTr, 2010.
33. *Direito do trabalho no STF (14)*. São Paulo: LTr, 2011.
34. *Direito do trabalho no STF (15)*. São Paulo: LTr, 2012.
35. *Direito do trabalho no STF (16)*. São Paulo: LTr, 2013.
36. *Direito do Trabalho no STF (17)*. São Paulo: LTr, 2014.
37. *Curso de direito do trabalho*. São Paulo: LTr, 2015.

Obras coordenadas

1. *Direito do trabalho e a nova ordem constitucional*. São Paulo: LTr, 1991. Da distinção entre atos de império e de gestão e seus reflexos sobre os contratos de trabalho celebrados com entes de Direito Internacional Público. p. 29-54.
2. *Curso de direito coletivo do trabalho (Estudos em homenagem ao Ministro Orlando Teixeira da Costa)*. São Paulo: LTr, 1998. Negociação coletiva transnacional. p. 291-307 — ISBN 85-7322-366-9.
3. *Presente e futuro das relações de trabalho (Estudos em homenagem ao Prof. Roberto Araújo de Oliveira Santos)*. São Paulo: LTr, 2000. Globalização, a Amazônia e as relações de trabalho. p. 242-257 — ISBN 85-7322-858X.
4. *Direito e processo do trabalho em transformação* (em conjunto com os Ministros Ives Gandra da Silva Martins Filho e Maria Cristina Irigoyen Peduzzi e os Drs. Ney Prado e Simone Lahorgue Nunes). São Paulo: Campus/Elsevier, 2007. Relações de trabalho passíveis de apreciação pela Justiça do Trabalho. p. 145-155 — ISBN 978-85-352-2432-0.
5. *Trabalho da mulher (Estudos em homenagem à jurista Alice Monteiro de Barros)*. São Paulo: LTr, 2009. Contratos de trabalho por prazo indeterminado. p. 145-155 — ISBN 978-85-361-1364-7.
6. *Temas atuais de direito*. Rio de Janeiro, GZ, 2013. Deslocalização interna e internacional, p. 29-38. ISBN 978-85-62027-21-5.
7. *As lendas da Amazônia e o direito*. Rio de Janeiro, GZ, 2014. Prefácio explicativo, p. VII-VIII; Lendas, mitos, fábulas e contos populares, p. 1-3. ISBN 978-85-65027-39-0.
8. *Temas atuais de direito* (volume II). Rio de Janeiro, GZ, 2014. Danos ao trabalho e necessidade de reparação. p. 77-96. ISBN 978-85-62027-54-3.

Obras em coautoria

1. *Estudos de direito do trabalho (homenagem ao Prof. Júlio Malhadas)* (Coordenação: Profª Anna Maria de Toledo Coelho). Curitiba: Juruá, 1992. Imunidade das organizações internacionais. Um aspecto da competência internacional da Justiça do Trabalho. p. 294-303.
2. *Processo do trabalho (homenagem ao Prof. José Augusto Rodrigues Pinto)* (Coordenação: Dr. Rodolfo Pamplona Filho). São Paulo: LTr, 1997. A nova sistemática do agravo de petição. p. 369-378 — ISBN 85-7322-305-7.
3. *Estudos de direito do trabalho e processo do trabalho (homenagem ao Prof. J. L. Ferreira Prunes)* (Coordenação: Drs. Juraci Galvão Júnior e Gelson de Azevedo). São Paulo: LTr, 1998. O princípio da dupla imunidade e a execução do julgado contrário a ente de Direito Internacional Público. p. 80-92 ISBN 85-3722-385-5.
4. *Manual de direito do trabalho (homenagem ao Prof. Cássio Mesquita Barros Júnior)* (Coordenação: Dr. Bento Herculano Duarte Neto). São Paulo: LTr, 1998. Suspensão do Trabalho — Suspensão e interrupção. p. 325-336 — ISBN 85-7322-380-4.

5. *Direito internacional no Terceiro Milênio* (homenagem ao Prof. Vicente Marotta Rangel) (Coordenação: Profs. Luiz Olavo Baptista e J. R. Franco da Fonseca). São Paulo: LTr, 1998. *Considerações acerca da Convenção Internacional sobre a Proteção do Trabalhador Migrante*. p. 653-665 — ISBN 85-7322-417-7.

6. *Direito do trabalho* (homenagem ao Prof. *Luiz de Pinho Pedreira da Silva*) (Coordenação: Drs. Lélia Guimarães Carvalho Ribeiro e Rodolfo Pamplona Filho). São Paulo: LTr, 1998. *Importância do direito internacional para o direito do trabalho*. p. 71-77 — ISBN 85-7233-545-9.

7. *Estudos de direito* (homenagem ao Prof. *Washington Luiz da Trindade*) (Coordenação: Drs. Antônio Carlos de Oliveira e Rodolfo Pamplona Filho). São Paulo: LTr, 1998. *Imunidade de jurisdição dos entes de direito público externo*. p. 448-455 — ISBN 85-7322-539-4.

8. *Direito sindical brasileiro* (homenagem ao Prof. *Arion Sayão Romita*) (Coordenação: Dr. Ney Prado). São Paulo: LTr, 1998. *Contribuições sindicais e liberdade sindical*. p. 144-152 — ISBN 85-7322-543-2.

9. *Ordem econômica e social* (homenagem ao Prof. *Ary Brandão de Oliveira*) (Coordenação: Dr. Fernando Facury Scaff). São Paulo: LTr, 1999. *Trabalho infantil*. p. 139-143 — ISBN 85-7322-632-3.

10. *Fundamentos do direito do trabalho* (homenagem ao Ministro *Milton de Moura França*) (Coordenação: Drs. Francisco Alberto da Motta Peixoto Giordani, Melchíades Rodrigues Martins e Tárcio José Vidotti). São Paulo: LTr, 2000. *Unicidade, unidade e pluralidade sindical. Uma visão do Mercosul*. p. 122-130 — ISBN 85-7322-857-1.

11. *Temas relevantes de direito material e processual do trabalho* (homenagem ao Prof. *Pedro Paulo Teixeira Manus*) (Coordenação: Drs. Carla Teresa Martins Romar e Otávio Augusto Reis de Sousa). São Paulo: LTr, 2000. *Execução da sentença estrangeira*. p. 66-73 — ISBN 85-7322-883-0.

12. *Os novos paradigmas do direito do trabalho* (homenagem ao Prof. *Valentin Carrion*) (Coordenação: Dr.ª Rita Maria Silvestre e Prof. Amauri Mascaro Nascimento). São Paulo: Saraiva, 2001. *A legislação trabalhista e os convênios coletivos*. p. 281-287 — ISBN 85-02-03337-9.

13. *O direito do trabalho na sociedade contemporânea* (Coordenação: Dras. Yone Frediani e Jane Granzoto Torres da Silva). São Paulo: Jurídica Brasileira, 2001. *A arbitragem no direito do trabalho*. p. 140-148 — ISBN 85-8627-195-0.

14. *Estudos de direito constitucional* (homenagem ao Prof. *Paulo Bonavides*) (Coordenação: Dr. José Ronald Cavalcante Soares). São Paulo: LTr, 2001. *Identificação dos direitos humanos*. p. 119-126 — ISBN 85-361-163-6.

15. *O direito do trabalho na sociedade contemporânea (II)* (Coordenação: Profa. Yone Frediani). São Paulo: Jurídica Brasileira, 2003. *A Convenção n. 132 da OIT e seus reflexos nas férias*. p. 66-73 — ISBN 85-7538-026-5.

16. *Constitucionalismo social* (homenagem ao Ministro *Marco Aurélio Mendes de Farias Mello*) (Coordenação: EMATRA-2ª). São Paulo: LTr, 2003. *Os tratados internacionais e a Constituição de 1988*. p. 171-180 — ISBN 85-3610-394-9.

17. *Recursos trabalhistas* (homenagem ao Ministro *Vantuil Abdala*) (Coordenação: Drs. Armando Casimiro Costa e Irany Ferrari). São Paulo: LTr, 2003. *Recurso extraordinário*. p. 55-65 — ISBN 85-3610-491-0.

18. *Relações de direito coletivo Brasil-Itália* (Coordenação: Yone Frediani e Domingos Sávio Zainaghi). São Paulo: LTr, 2004. *Organização sindical*. p. 175-180 — ISBN 85-3610-523-2.

19. *As novas faces do direito do trabalho* (em homenagem a *Gilberto Gomes*) (Coordenação: João Alves Neto). Salvador: Quarteto, 2006. *O triênio de atividade jurídica e a Resolução n. 11 do CNJ*. p. 143-155 — ISBN 85-8724-363-2.

20. *Curso de direito processual do trabalho (em homenagem ao Ministro Pedro Paulo Teixeira Manus, do Tribunal Superior do Trabalho)* (Coordenação: Hamilton Bueno). São Paulo: LTr, 2008. *Recursos trabalhistas.* p. 205-215 — ISBN 97-8853-6111-21.

21. *Jurisdição* — crise, efetividade e plenitude institucional (volume 2) (Coordenação: Luiz Eduardo Gunther). Curitiba: Juruá, 2009. *Das imunidades de jurisdição e de execução nas questões trabalhistas.* p. 491-501 — ISBN 978-85-362-275-9.

22. *Direito internacional:* estudos em homenagem a Adherbal Meira Mattos (Coordenação: Paulo Borba Casella e André de Carvalho Ramos). São Paulo: Quartier Latin, 2009. *Os tratados sobre direitos humanos e a regra do art. 5º, § 3º, da Constituição do Brasil.* p. 523-532 — ISBN 85-7674-423-6.

23. *Meio ambiente do trabalho* (Coordenação: Elida Seguin e Guilherme José Purvin de Figueiredo). Rio de Janeiro: GZ, 2010. *Atuação da OIT no meio ambiente do trabalho; a Convenção n. 155.* p. 199-207 — ISBN 978-85-624-9048-4.

24. *Jurisdição* — crise, efetividade e plenitude institucional (volume 3) (Coordenação: Luiz Eduardo Gunther, Willians Franklin Lira dos Santos e Noeli Gonçalves Gunther). Curitiba: Juruá, 2010. *Prisão do depositário infiel na Justiça do Trabalho.* p. 529-540 — ISBN 978-85-362-3197-6.

25. *Contemporaneidade e trabalho (aspectos materiais e processuais; estudos em homenagem aos 30 anos da Amatra 8)* (Coordenação: Gabriel Velloso e Ney Maranhão). São Paulo: LTr, 2011. *Direito social ao lazer: entretenimento e desportos.* p. 17-23 — ISBN 978-85-361-1640-2.

26. *Atualidades do direito do trabalho (anais da Academia Nacional de Direito do Trabalho)* (Coordenação: Nelson Mannrich et alii). São Paulo: LTr, 2011. *O problema das prestadoras de serviço para financeiras e grupos econômicos bancários.* p. 229-233 — ISBN 978-85-361-2108-6.

27. *Dicionário brasileiro de direito do trabalho* (Coordenação: José Augusto Rodrigues Pinto, Luciano Martinez e Nelson Mannrich). São Paulo, LTr, 2013. Verbetes: *Adicional de penosidade, Auxílio-alimentação, Aviamento, Cônsul, Contrato de trabalho em tempo parcial, Contrato internacional de trabalho, Deslocalização, Direito ao lazer, Direito à felicidade, Direito comparado, Entes de direito internacional público externo, Estrangeiro, Licença-paternidade, Licença-prêmio, Missão diplomática, Missão especial, Organismo internacional, Paternidade, Pejotização, Penosidade, Quarteirização, Repartição consular, Representação comercial estrangeira, Representante diplomático, Salário retido, Serviço militar obrigatório, Termo prefixado, Trabalho em tempo integral, Trabalho em tempo parcial, Trabalho no exterior, Tratado internacional, Vale-transporte.* ISBN: 978-85-381-2589-3.

28. *Conciliação: um caminho para a paz social* (Coordenação: Luiz Eduardo Gunther e Rosemarie Diedrichs Pimpão). Curitiba: Juruá, 2013. *A arbitragem nas relações de trabalho.* p. 457-465. ISBN: 978-85-362-4056-5.

29. *Estudos aprofundados magistratura trabalhista* (Coordenação: Élisson Miessa e Henrique Correia). Salvador: Juspodivm, 2013. *Globalização... E depois???.* p. 115-123 — ISBN 857-76-1688-6.

30. *25 anos da Constituição e o direito do trabalho* (Coodenação: Luiz Eduardo Gunther e Silva Souza Netto Mandalozzo). Curitiba: Juruá, 2013. *Sindicalismo no Brasil,* p. 237-250. ISBN 978-85-362-4460-0.

31. *Direitos fundamentais: questões contemporâneas* (Organização: Frederico Antônio Lima de Oliveira e Jeferson Antônio Fernandes Bacelar). Rio de Janeiro: GZ, 2014. *O direito social à felicidade.* p. 141-155 — ISBN 978-85-62027-44-4.

32. *Estudos aprofundados Magistratura Trabalhista* (volume 2) Coordenação: Élisson Miessa e Henrique Correia). Salvador: Juspodivm, 2014. *Deslocalização interna e internacional.* p. 187-197 — ISBN 854-42-0028-1.

33. *Os desafios jurídicos do século XXI: em homenagem aos 40 anos do curso de direito da UNAMA*. (Coordenação: Cristina Sílvia Alves Lourenço, Frederico Antonio Lima Oliveira e Ricardo Augusto Dias da Silva). São Paulo : PerSe, 2014. Recortes de um mundo globalizado. p. 142-150 — ISBN 978-85-8196-820-9.

34. *Ética e direitos fundamentais* (estudos em memória do Prof. Washington Luís Cardoso da Silva). Rio de Janeiro: LMJ Mundo Jurídico, 2014. Refúgios e refugiados climáticos. p. 137-143 — ISBN 978-85-62027-57-4.

Prefácios

1. *Limites do jus variandi do empregador*, da Profª Simone Crüxen Gonçalves, do Rio Grande do Sul (São Paulo: LTr, 1997).

2. *Poderes do juiz do trabalho: direção e protecionismo processual*, do Juiz do Trabalho da 21ª Região Bento Herculano Duarte Neto, do Rio Grande do Norte (São Paulo: LTr, 1999).

3. *O direito do trabalho na sociedade moderna* (obra póstuma), do Ministro Orlando Teixeira da Costa, do Tribunal Superior do Trabalho, de Brasília (São Paulo: LTr, 1999).

4. *Direito sindical*, do Procurador do Trabalho José Claudio Monteiro de Brito Filho, do Pará (São Paulo: LTr, 2000).

5. *As convenções da OIT e o Mercosul*, do Professor Marcelo Kümmel, do Rio Grande do Sul (São Paulo: LTr, 2001).

6. *O direito à educação e as Constituições brasileiras*, da Professora Eliana de Souza Franco Teixeira, do Pará (Belém: Grapel, 2001).

7. *Energia elétrica: suspensão de fornecimento*, dos Professores Raul Luiz Ferraz Filho e Maria do Socorro Patello de Moraes, do Pará (São Paulo: LTr, 2002).

8. *Discriminação no trabalho*, do Procurador do Trabalho José Claudio Monteiro de Brito Filho, do Pará (São Paulo: LTr, 2002).

9. *Discriminação estética e contrato de trabalho*, da Professora Christiane Marques, de São Paulo (São Paulo: LTr, 2002).

10. *O poeta e seu canto*, do Professor Clóvis Silva de Moraes Rego, ex-Governador do Estado do Pará (Belém, 2003).

11. *O direito ao trabalho da pessoa portadora de deficiência e o princípio constitucional da igualdade*, do Juiz do Trabalho da 11ª Região Sandro Nahmias Mello, do Amazonas (São Paulo: LTr, 2004).

12. *A prova ilícita no processo do trabalho*, do Juiz Togado do TRT da 8ª Região Luiz José de Jesus Ribeiro, do Pará (São Paulo: LTr, 2004).

13. *Licença-maternidade à mãe adotante: aspectos constitucionais*, da Juíza Togada do TRT da 2ª Região e Professora Yone Frediani, de São Paulo (São Paulo: LTr, 2004).

14. *Ventos mergulhantes,* do poeta paraense Romeu Ferreira dos Santos Neto (Belém: Pakatatu, 2007).

15. *Direito sindical*, 2. ed., do Procurador do Trabalho da 8ª Região, Prof. Dr. José Claudio Monteiro de Brito Filho (São Paulo: LTr, 2007).

16. *A proteção ao trabalho penoso*, da Profa. Christiani Marques, da PUC de São Paulo (São Paulo: LTr, 2007).

17. *Regime próprio da Previdência Social*, da Dra. Maria Lúcia Miranda Alvares, Assessora Jurídica do TRT da 8ª Região (São Paulo: NDJ, 2007).

18. *Meninas domésticas, infâncias destruídas*, da Juíza do Trabalho da 8ª Região e Prof^a. Maria Zuíla Lima Dutra (São Paulo: LTr, 2007).

19. *Curso de direito processual do trabalho (em homenagem ao Ministro Pedro Paulo Teixeira Manus, do Tribunal Superior do Trabalho)* (Coordenação: Hamilton Bueno). São Paulo: LTr, 2008.

20. *Competências constitucionais ambientais e a proteção da Amazônia*, da Prof[a]. Dra. Luzia do Socorro Silva dos Santos, Juíza de Direito do Pará e Professora da Unama (Belém: Unama, 2009).

21. *Extrajudicialização dos conflitos de trabalho*, do Prof. Fábio Túlio Barroso, da Universidade Federal de Pernambuco (São Paulo: LTr, 2010).

22. *Polêmicas trabalhistas*, de Alexei Almeida Chapper, Advogado no Estado do Rio Grande do Sul (São Paulo: LTr, 2010).

23. *Teoria da prescrição das contribuições sociais da decisão judicial trabalhista*, do Juiz do Trabalho da 8[a] Região Océlio de Jesus Carneiro Morais (São Paulo: LTr, 2013).

24. *Estudos de direitos fundamentais*, obra coletiva organizada pela Prof[a] Andreza do Socorro Pantoja de Oliveira Smith (São Paulo: Perse, 2013).

A justiça é uma ideia de imensa importância que moveu as pessoas no passado e continuará a movê-las no futuro.

AMARTYA SEN *(A ideia de justiça. São Paulo, Companhia das Letras, 2011, p. 436)*

*À memória de
Armando Casimiro Costa,
o responsável por ter feito surgir esta coletânea.*

*À minha família
com amor e gratidão.*

SUMÁRIO

INTRODUÇÃO 15

PARTE I — DIREITOS INDIVIDUAIS 17
1. Conselhos Profissionais 19
2. Cooperativas de trabalho. Contribuição. Inconstitucionalidade 29
3. Copa. Lei Geral. ADIn improcedente 31
4. FGTS 34
5. Horas extras. Intervalo prévio. Constitucionalidade 37
6. Licença maternidade. Gestante X adotante 53
7. Meio Ambiente do Trabalho. Amianto 55
8. Policial x advogado. Proibição de exercício simultâneo 67
9. Salario mínimo X salário base. Impossibilidade de vinculação 69
10. Terceização 70

PARTE II — DIREITOS COLETIVOS 79
1. Greve 81
2. Mandato sindical. Afastamento de servidor. Constituição Estadual 88
3. Registro sindical. Necessidade 89

PARTE III — DIREITO PROCESSUAL 93
1. Conselhos profissionais 95
2. Competência. Justiça do Trabalho. Pré-contratação 103
3. Descontos previdenciários. Ministério Público Federal. Legitimidade 105
4. Honorários periciais. Ministério Público 108

PARTE IV — SERVIÇO PÚBLICO 113
   1. Concurso Público 115
   2. Empregado publico aposentado. Reintegração 118
   3. INCRA. Demissão. Ação penal 123
   4. Juiz do Trabalho. Remoção. Ajuda de custo 126
   5. Professor. Ausencia de concurso. Inconstitucionalidade 127
   6. Servidor público 130

PARTE V — PREVIDÊNCIA SOCIAL 135
   1. Aposentadoria especial. Uso de EPI 137
   2. Aposentadoria por invalidez. Proventos integrais. Especificação da doença em lei 139
   3. Benefício previdenciário 141
   4. Desaposentação. Validade 145

PARTE VI — OUTROS TEMAS 147
   1. Súmulas vinculantes do STF sobre matéria trabalhista 149

Índices 155
Índice geral 157
Índice dos julgados publicados na coletânea 159
Índice dos ministros do STF prolatores dos julgados citados 181
Índice temático 185

INTRODUÇÃO

Aproximadamente quarenta julgados do ano 2014 estão neste volume 18. Foi um ano altamente polêmico em termos de decisões da Suprema Corte brasileira. O papel dos conselhos profissionais foi apreciado diversas vezes e sob vários angulos. A questão, antes tranquila, da prescrição dos depósitos do FGTS obteve um contorno inesperado e de reflexos desagradáveis aos trabalhadores. Os problemas decorrentes da terceirização da mão de obra foram examinados, da mesma forma como o direito de greve exercido por várias categorias de trabalhadores. Julgados dessa natureza integram este volume.

Ademais, frutos dessa farta produção jurisprudencial, foram colacionados arestos sobre temas que continuam na ordem do dia: condições para disputar concursos públicos, garantias de vencimentos dos servidores do Estado, servidor temporário. Adiante, relevantes precedentes sobre aposentadoria especial e por invalidez, contribuição e benefícios previdenciárias, e as controvérsias sobre desaposentação.

Esse elenco de temas, certamente, desperta o interesse de todos os estudiosos do Direito pelas posições adotadas pela Suprema Corte do Brasil. Para isto se presta esta coletânea, a proporcionar acesso mais rápido e objetivo a importantes abordagens do STF sobretudo em matéria trabalhista-previdenciária.

Chegando ao seu 18º volume, este *Direito do Trabalho no STF* alcança sua "maioridade", com renovada homenagem à memória de Armando Casimiro Costa, o "Mecenas" que me confiou a organização anual desta coletânea, nos idos dos anos 90.

Como em oportunidades passadas, rendo minha gratidão a Armandinho e Manuel Casimiro Costa e à valorosa equipe da LTr, que me acolhem há quase trinta anos, e agradeço a permanente compreensão de Elza, minha mulher, e Carolina e Georgenor Neto, pelas horas em que me ausentei, pesquisando para este livro.

Belém, janeiro/2015

Georgenor de Sousa Franco Filho

PARTE I
DIREITOS INDIVIDUAIS

1. CONSELHOS PROFISSIONAIS

1.1. MÚSICOS[1]. DESNECESSIDADE DE INSCRIÇÃO NA ORDEM DOS MUSICOS

Os músicos brasileiros não precisam estar inscritos na Ordem dos Musicos nem pagar a anuidade correspondente. Foi o que decidiu o STF no RE 795.467-SP, a 5.6.2014[2], relatado pelo Min. Teori Zavascki. A ementa é a seguinte:

> ADMINISTRATIVO E CONSTITUCIONAL. RECURSO EXTRAORDINÁRIO. INSCRIÇÃO NA ORDEM DOS MÚSICOS DO BRASIL (OMB). PAGAMENTO DE ANUIDADES. NÃO OBRIGATORIEDADE. OFENSA À GARANTIA DA LIBERDADE DE EXPRESSÃO (ART. 5º, IX, DA CF). REPERCUSSÃO GERAL CONFIGURADA. REAFIRMAÇÃO DA JURISPRUDÊNCIA.
>
> 1. O Plenário do Supremo Tribunal Federal, no julgamento do RE 414.426, rel. Min. ELLEN GRACIE, DJe de 10.10.2011, firmou o entendimento de que a atividade de músico é manifestação artística protegida pela garantia da liberdade de expressão, sendo, por isso, incompatível com a Constituição Federal de 1988 a exigência de inscrição na Ordem dos Músicos do Brasil, bem como de pagamento de anuidade, para o exercício de tal profissão.

---

[1] Sobre músicos, v., nesta coletânea, v. 15, p. 21

[2] RE n. 795.467-SP, de 5.6.2014 (Iara Espíndola Rennó Andreia e Maria Dias da Silva vs. Ordem dos Músicos do Brasil — Conselho Regional do Estado de São Paulo). Relator: Min. Teori Zavascki. Disponível em: <http://www.stf.jus.br/portal/processo/verProcessoAndamento.asp?incidente=4526783>. Acesso em: 22 dez. 2014.

2. *Recurso extraordinário provido, com o reconhecimento da repercussão geral do tema e a reafirmação da jurisprudência sobre a matéria.*[3]

1.2. ODONTOLOGIA. EMPREGO NO CONSELHO. OBRIGATORIEDADE DE CONCURSO

Considerados autarquias, os conselhos profissionais (no caso desta decisão, o de Odontologia) são obrigados a promover concurso *público* para contratação de empregados. É o que decidiu, a 20.4.2014, no MS 32.912-DF[4], o Min. Luiz Fux. Eis a decisão:

> *MANDADO DE SEGURANÇA. ADMINISTRATIVO. TRIBUNAL DE CONTAS DA UNIÃO. CONSELHO DE FISCALIZAÇÃO PROFISSIONAL. CONCURSO PÚBLICO. REALIZAÇÃO. DETERMINAÇÃO. DECISÃO EM CONSONÂNCIA COM A JURISPRUDÊNCIA DESTA CORTE. ORDEM DENEGADA.*
>
> *Trata-se de mandado de segurança, com pedido de liminar, impetrado por Francisco Xavier Paranhos Coelho Simões, contra atos do Tribunal de Contas da União (Secretaria de Controle Externo do Estado da Bahia), consubstanciados nos acórdãos 142/2014 e 1.169/2011.*
>
> *O impetrante narra, inicialmente, que o TCU determinou, por meio do Acórdão 1.169/2011, ao Conselho Federal de Odontologia que realizasse concurso público no prazo de 180 (cento e oitenta) dias) para admissão de pessoal e rescindisse todos os contratos trabalhistas firmados a partir de 18.5.2001 (data da publicação do acórdão proferido no MS 21.797 — TC 015.344/2002-4).*
>
> *O Conselho Regional de Odontologia da Bahia, inconformado com essa decisão, apresentou pedido de reexame, não conhecido.*
>
> *O impetrante aduz que essa decisão mostra-se contrária ao que decidiu o juízo da 62ª Vara do Tribunal Regional do Trabalho da*

---

[3] Disponível em: <file:///C:/Users/georgenorfilho/Downloads/texto_239149652.pdf>. Acesso em: 22 dez. 2014

[4] MS n. 32.912 DF, de 20.4.2014 (Francisco Xavier Paranhos Coelho Simoes *vs.* Tribunal de Contas da União). Rel.: Min. Luiz Fux.

1ª Região, ao julgar improcedente ação civil pública proposta pelo Ministério Público do Trabalho em que se sustentou a necessidade de concurso público para a contratação pelo Conselho Federal de Odontologia e Conselhos Regionais de Odontologia.

Acrescenta que "o Ministério do Planejamento, Orçamento e Gestão, Nota Técnica — 041/13, ratifica a impossibilidade da aplicação do Regime Jurídico Único aos empregados em Conselhos das Profissões Regulamentares".

Informa, ainda, que a matéria encontra-se em discussão na Ação Civil Pública 4247-96.2013.4.04.3300, movida pelo Ministério Público Federal e em curso na 12 Vara Federal da Seção Judiciária da Bahia, onde restou indeferido o pedido liminar formulado.

Salienta que, em confronto com a situação jurídica narrada, o TCU aplicou ao impetrante multa de R$ 10.000,00 (dez mil reais), sob o argumento de que lhe competia diligenciar a realização de concurso público no âmbito do Conselho Regional de Odontologia da Bahia.

Afirma que os gestores dos Conselhos Regionais de Odontologia se submetem às regras impostas pelo Conselho Federal de Odontologia, que não aplica o Regime Jurídico Único, tampouco realiza concurso público para contratação de pessoal.

Questiona, desse modo, a penalidade que lhe foi imposta pelo TCU, haja vista que sua atuação está vinculada ao que determina o Conselho Federal de Odontologia.

Assevera, adiante, que esta Corte, ao deferir a medida cautelar na ADI 2.135, em que se questiona o art. 39 da Carta Magna, na redação conferida pela Emenda Constitucional 19/1998, não indicou, direta ou indiretamente, o regime a ser aplicado aos Conselhos Profissionais em seus contratos de trabalho.

Menciona, ainda, a decisão proferida nos autos da ADI 1.717, que reconheceu a condição especial dos conselhos profissionais e preservou o caráter celetista dos empregados dessas autarquias.

Em abono à tese defendida, rememora o que decidiu esta Corte ao apreciar a ADI 3.026, em que se firmou a orientação de que a Ordem dos Advogados do Brasil não se sujeita ao regime jurídico único, tampouco à regra de contratação por concurso público.

Requer, ao final, seja deferida, liminarmente, a suspensão dos efeitos do Acórdão 142/2014 do TCU, "excluindo as responsabilidades impostas ao requerente, principalmente no que tange ao pagamento da multa de R$ 10.000,00 (dez mil reais)".

No mérito, pugna pela concessão da segurança para que seja declarada "a nulidade do teor constante dos Acórdãos combatidos n. 1169/2011 e n. 142/2014 emanados do TCU (Secretaria de Controle Externo do Estado da Bahia), reconhecendo-se que os contratos trabalhistas firmados pelo impetrante continuem em vigor, bem assim que não se lhe aplicará a exigência de concurso público para admissão de pessoal enquanto não sobrevier lei específica nesse sentido; e IV) seja, por fim, declarada a inexistência da obrigatoriedade de realização de concurso público para contratação de empregados, em face da ausência de previsão legal de cargo público para os Conselhos de Fiscalização Profissional".

É o relatório.

Decido.

Preliminarmente, registro que o Supremo Tribunal Federal, por ocasião da edição da Emenda Regimental n. 28, de 18 de fevereiro de 2009, reformou a redação do art. 205 de seu Regimento Interno para estabelecer, expressamente, que compete ao Relator da causa denegar ou conceder a ordem de mandado de segurança, em sede de julgamento monocrático, desde que a matéria versada no writ em questão constitua objeto de jurisprudência consolidada do Tribunal (RI/STF, art. 205, caput, na redação dada pela ER n. 28/2009).

Esse entendimento que vem sendo amplamente observado na jurisprudência desta Suprema Corte (v.g., MS 27.649/DF, Rel. Min. Cezar Peluso, DJe 6.3.2009; MS 27.962/DF, Rel. Min. Celso de Mello, DJe 26.3.2010) possui legitimidade jurídica decorrente da circunstância de o Relator dispor de competência plena para exercer, monocraticamente, o controle das petições dirigidas ao Supremo Tribunal Federal, justificando-se, em consequência, os atos decisórios que, nessa condição, venha a praticar. Nesse passo, oportuno assinalar que o Plenário deste Tribunal, ao apreciar o MS 27.236-AgR/DF, Rel. Min. Ricardo Lewandowski, DJe 30.4.2010, reafirmou a possibilidade processual do julgamento *monocrático do próprio mérito da ação de mandado de segurança, desde que observados os requisitos previstos no supracitado art. 205 do RISTF.*

Desse modo, mister reconhecer que a controvérsia mandamental em exame ajusta-se conforme se demonstrará ao longo desse decisum — à jurisprudência que o Supremo Tribunal Federal firmou sobre a matéria, o que, indubitavelmente, possibilita seja proferida decisão monocrática sobre a lide em debate.

A pretensão não merece prosperar.

Destaco do acórdão 142/2014, ora questionado:

"*Por meio do subitem 9.4 da referida decisão, o Tribunal prolatou a seguinte determinação:*

'*9.4. determinar ao Conselho Regional de Odontologia da Bahia — CRO/BA, que, dentro do prazo de cento e oitenta dias, contados da ciência desta deliberação, faça cumprir o disposto no art. 37, inciso II, da Constituição Federal e a Súmula 231 deste TCU, adotando, se ainda não o fez, as medidas pertinentes para rescisão dos contratos de trabalho ilegalmente firmados a partir de 18.5.2001, em especial dos empregados abaixo relacionados;'*

3. Passado o prazo para cumprimento da determinação, foi instaurado o presente monitoramento, no âmbito do qual foi realizada diligência ao CRO/BA, para que comprovasse o cumprimento da determinação monitorada.

4. Conforme consta da instrução transcrita no relatório precedente, não houve resposta à primeira diligência, o que levou a Secex/BA a reiterá-la. Na resposta apresentada a essa reiteração (peça 9) foi alegado, em síntese:

a) impossibilidade de cumprimento da determinação, tendo em vista que o CRO/BA não pertence à administração pública direta ou indireta, inexistindo vínculo direto ou reflexo com quaisquer dos poderes da União;

b) incompatibilidade quanto à aplicação do Regime Jurídico Único aos Conselhos de Profissões Regulamentadas;

c) a matéria encontra-se em discussão na Ação Civil Pública n. 4247-96.2013.4.01.3300, movida pelo Ministério Público Federal, em curso na 12ª Vara Federal da Seção Judiciária da Bahia, onde restou indeferido o pedido liminar formulado nos autos.

5. Ao final, pleiteou o não cabimento da aplicação da multa prevista no art. 58, inciso IV da Lei n. 8.443/1992, bem como a suspensão do feito para que se aguarde decisão final de mérito nos autos da Ação Civil Pública n. 4247-96.2013.4.01.3300, a fim de que se evitem prejuízos irreparáveis à entidade.

6. Configurado o não atendimento à decisão do Tribunal, a Secex/BA promoveu a audiência do presidente do CRO/BA para que apresentasse razões de justificativa pelo descumprimento, informando-o, naquela oportunidade, sobre a possibilidade de lhe ser aplicada a multa prevista no art. 58, inciso IV e § 1º, da Lei n. 8.443/1992, c/c o art. 268, incisos IV e VII, e § 3º, do Regimento Interno do TCU, no caso de não cumprimento da determinação constante do item 9.4 do Acórdão 1169/2011 — TCU-Plenário. Não houve resposta a essa audiência.

7. Diante desses fatos, a Secex/BA propõe a apenação do responsável com a multa prevista no art. 58, inciso IV, da Lei n. 8.443/1992, c/c o art. 268, inciso VII, do Regimento Interno do TCU, bem como a reiteração da determinação não cumprida.

8. Feito esse breve resumo dos fatos apurados no presente monitoramento, resta claro o descumprimento da decisão deste Tribunal. Os argumentos apresentados na tentativa de justificar o não atendimento ao comando contido no subitem 9.4 do Acórdão 1169/2011-TCU-Plenário não são de forma alguma aceitáveis, quedando-se injustificado o descumprimento.

9. Nesse sentido, a alegação quanto ao CRO/BA não pertencer à administração pública direta ou indireta é descabida, pois o Supremo Tribunal Federal já se pronunciou, quando do julgamento do mérito do MS 21.797-9, pela natureza autárquica dos conselhos de fiscalização profissional.

10. Quanto à questão da não aplicação do Regime Jurídico Único aos Conselhos de Profissões Regulamentadas, não é isso que se discute nestes autos, nem foi aventada essa aplicação na decisão ora monitorada. Por certo que os empregados desses conselhos são regidos pela Consolidação das Leis do Trabalho. Isso, entretanto, não afasta a necessidade de que essas contratações sejam precedidas do devido concurso público. Conforme a jurisprudência firmada neste Tribunal, a admissão de pessoal nos conselhos de fiscalização profissional, desde a publicação no Diário de Justiça de 18.5.2001 do acórdão proferido pelo STF no Mandado de Segurança 21.797-9, deve ser precedida de concurso público, ainda que realizado de forma simplificada, desde que haja observância dos princípios constitucionais pertinentes. Impertinente, portanto, essa alegação.

11. Por fim, o fato de a matéria estar sendo objeto de Ação Civil Pública em nada impede a atuação deste Tribunal, ante o princípio da independência das instâncias administrativa e judicial.

12. Ante essas considerações, e acolhendo a análise realizada pela Secex/BA, entendo pertinente a proposta de apenação do presidente do CRO/BA com a multa prevista no art. 58, inciso IV, da Lei n. 8.443/1992, c/c o art. 268, inciso VII, do RI/TCU. Cabível, ainda, a reiteração da determinação monitorada, com o alerta de que a reincidência no seu descumprimento sujeita o responsável à multa prevista no art. 58, inciso VII, da Lei n. 8.443/1992, c/c o art. 268, inciso VIII, do RI/TCU".

Esta Corte, por ocasião do julgamento do Mandado de Segurança n. 22.643[5], decidiu que os conselhos de fiscalização

---

[5] "Mandado de segurança. — Os Conselhos Regionais de Medicina, como sucede com o Conselho Federal, são autarquias federais sujeitas à prestação de contas ao Tribunal de Contas da União por força do disposto no inciso II do art. 71 da atual Constituição. — Improcedência das alegações de ilegalidade quanto à imposição, pelo TCU, de multa e de afastamento temporário do exercício da Presidência ao Presidente do Conselho Regional de Medicina em causa. Mandado de segurança indeferido." (MS 22.643, Rel. Ministro Moreira Alves, DJ 4.12.1998)

profissional têm natureza jurídica de autarquias. Naquela ocasião ficou consignado que: (i) estas entidades foram criadas por lei, tendo personalidade jurídica de direito público com autonomia administrativa e financeira; (ii) exercem a atividade de fiscalização de exercício profissional que, como decorre do disposto nos arts. 5º, XIII, 21, XXIV, é atividade tipicamente pública; (iii) têm o dever de prestar contas ao Tribunal de Contas da União. A Lei n. 9.649/98 atribuiu personalidade jurídica de direito privado aos conselhos profissionais, ficando vedado o vínculo funcional ou hierárquico com a Administração Pública.

No entanto, o Supremo Tribunal Federal, ao julgar o mérito da ADI 1.717[6], declarou a inconstitucionalidade do caput *e dos parágrafos 1º, 2º, 4º, 5º, 6º, 7º e 8º do art. 58 da Lei n. 9.649/98, restando consignado que a fiscalização das profissões, por se tratar de uma atividade típica de Estado, que abrange o poder de polícia, de tributar e de punir, não pode ser delegada. Dessa maneira, infere-se a natureza autárquica dos Conselhos profissionais pelo caráter público da atividade desenvolvida por eles.*

Considerando o caráter jurídico de autarquia dos conselhos de fiscalização profissional, que são criados por lei e possuem personalidade jurídica de direito público, exercendo uma atividade tipicamente pública, qual seja, a fiscalização do exercício profissional, há de se concluir pela obrigatoriedade da aplicação a eles da regra prevista no art. 37, II, da CB/88, quando da contratação de servidores. Essa orientação foi adotada pela 1ª Turma no julgamento do RE 539.224/ CE, Rel. Min. Luiz Fux, realizado

---

[6] *"ADMINISTRATIVO. RECURSO EXTRAORDINÁRIO. "DIREITO CONSTITUCIONAL E ADMINISTRATIVO. AÇÃO DIRETA DE INCONSTITUCIONALIDADE DO ART. 58 E SEUS PARÁGRAFOS DA LEI FEDERAL N. 9.649, DE 27.5.1998, QUE TRATAM DOS SERVIÇOS DE FISCALIZAÇÃO DE PROFISSÕES REGULAMENTADAS. 1.Estando prejudicada a Ação, quanto ao § 3º do art. 58 da Lei n. 9.649, de 27.5.1998, como já decidiu o Plenário, quando apreciou o pedido de medida cautelar, a Ação Direta é julgada procedente, quanto ao mais, declarando-se a inconstitucionalidade do "caput" e dos parágrafos 1º, 2º, 4º, 5º, 6º, 7º e 8º do mesmo art. 58. 2. Isso porque a interpretação conjugada dos artigos 5º, XIII, 22, XVI, 21, XXIV, 70, parágrafo único, 149 e 175 da Constituição Federal, leva à conclusão, no sentido da indelegabilidade, a uma entidade privada, de atividade típica de Estado, que abrange até poder de polícia, de tributar e de punir, no que concerne ao exercício de atividades profissionais regulamentadas, como ocorre com os dispositivos impugnados. 3. Decisão unânime." (ADI 1.717, Rel. Ministro Sydney Sanches, DJU 28.3.2003)*

em 22.5.2012, publicado no DJe 18.6.2012. O acórdão recebeu a seguinte ementa:

> CONSELHO DE FISCALIZAÇÃO PROFISSIONAL. EXIGÊNCIA DE CONCURSO PÚBLICO. ART. 37, II, DA CF. NATUREZA JURÍDICA. AUTARQUIA. FISCALIZAÇÃO. ATIVIDADE TÍPICA DE ESTADO. 1. Os conselhos de fiscalização profissional, posto autarquias criadas por lei e ostentando personalidade jurídica de direito público, exercendo atividade tipicamente pública, qual seja, a fiscalização do exercício profissional, submetem-se às regras encartadas no art. 37, inciso II, da CB/88, quando da contratação de servidores. 2. Os conselhos de fiscalização profissional têm natureza jurídica de autarquias, consoante decidido no MS 22.643, ocasião na qual restou consignado que: (i) estas entidades são criadas por lei, tendo personalidade jurídica de direito público com autonomia administrativa e financeira; (ii) exercem a atividade de fiscalização de exercício profissional que, como decorre do disposto nos artigos 5º, XIII, 21, XXIV, é atividade tipicamente pública; (iii) têm o dever de prestar contas ao Tribunal de Contas da União. 3. A fiscalização das profissões, por se tratar de uma atividade típica de Estado, que abrange o poder de polícia, de tributar e de punir, não pode ser delegada (ADI 1.717), excetuando-se a Ordem dos Advogados do Brasil (ADI 3.026). 4. In casu, o acórdão recorrido assentou:
>
>> EMENTA: REMESSA OFICIAL EM AÇÃO CIVIL PÚBLICA CONSTITUCIONAL E ADMINISTRATIVO. CONSELHO PROFISSIONAL. NÃO ADSTRIÇÃO À EXIGÊNCIA DE CONCURSO PÚBLICO, PREVISTA NO ART. 37, II, DA CF. PROVIMENTO. I — Os conselhos profissionais, não obstante possuírem natureza jurídica autárquica conferida por lei, estão, no campo doutrinário, classificados como autarquias corporativas, não integrando a Administração Pública, mas apenas com esta colaborando para o exercício da atividade de polícia das profissões. Conclusão em que se aporta por carecerem aqueles do exercício de atividade tipicamente estatal, o que lhe acarreta supervisão ministerial mitigada (art. 1º, Decreto-lei n. 968/69), e de serem mantidas sem percepção de dotações inscritas no orçamento da União. II — Aos entes

autárquicos corporativos não são aplicáveis o art. 37, II, da Lei Maior, encargo exclusivo das autarquias integrantes da estrutura administrativa do estado, únicas qualificáveis como longa manus deste. III — Remessa oficial provida. Pedido julgado improcedente. 5. Recurso Extraordinário a que se dá provimento".

A Segunda Turma firmou entendimento idêntico, senão vejamos:

"RECURSO EXTRAORDINÁRIO — CONSELHO DE FISCALIZAÇÃO PROFISSIONAL — CONCURSO PÚBLICO PARA INGRESSO — EXIGÊNCIA CONSTITUCIONAL — ALEGADA VIOLAÇÃO AO ART. 37, INCISO II, DA CONSTITUIÇÃO — OCORRÊNCIA — DECISÃO QUE SE AJUSTA À JURISPRUDÊNCIA PREVALECENTE NO SUPREMO TRIBUNAL FEDERAL — CONSEQUENTE INVIABILIDADE DO RECURSO QUE A IMPUGNA — SUBSISTÊNCIA DOS FUNDAMENTOS QUE DÃO SUPORTE À DECISÃO RECORRIDA — RECURSO DE AGRAVO IMPROVIDO" (RE 731.301 AgR, Rel. Min. Celso de Mello).

No mesmo sentido, destaco as seguintes decisões monocráticas: RE 611.947, Rel. Ministro Ricardo Lewandowski, DJe de 6.9.2011; AI 791.759, Rel. Ministro Gilmar Mendes, DJe de 2.8.2011, entre outras.

Não se vislumbra, pois, qualquer violação a direito líquido e certo do impetrante que autorize a impetração de mandado de segurança.

Ex positis, denego a segurança, nos termos do art. 21, § 1º, do RISTF.

Publique-se.[7]

---

[7] Disponível em: <file:///C:/Users/georgenorfilho/Downloads/texto_220015783.pdf>. Acesso em: 23 dez. 2014.

2. COOPERATIVAS DE TRABALHO[1]. CONTRIBUIÇÃO. INCONSTITUCIONALIDADE

Ao julgar o RE 595.838-SP[2], a 23.4.2014, o STF entendeu que art. 22, n. IV, da Lei n. 8.212/91, com a redação dada pela Lei n. 9.876/99, ao instituir contribuição previdenciária incidente sobre o valor bruto da nota fiscal ou fatura, extrapolou a norma do art. 195, inciso I, a, da Constituição da República, e, somente poderia ser instituída por lei complementar, com base no art. 195, § 4º, com a remissão feita ao art. 154, n. I, da Lei Fundamental.

A ementa do aresto da lavra do Min. Dias Toffoli é a seguinte:

> *Recurso extraordinário. Tributário. Contribuição Previdenciária. Artigo 22, inciso IV, da Lei n. 8.212/91, com a redação dada pela Lei n. 9.876/99. Sujeição passiva. Empresas tomadoras de serviços. Prestação de serviços de cooperados por meio de cooperativas de Trabalho. Base de cálculo. Valor Bruto da nota fiscal ou fatura. Tributação do faturamento. Bis in idem. Nova fonte de custeio. Art. 195, § 4º, CF.*
>
> *1. O fato gerador que origina a obrigação de recolher a contribuição previdenciária, na forma do art. 22, inciso IV da Lei n. 8.212/91, na redação da Lei n. 9.876/99, não se origina nas remunerações pagas ou creditadas ao cooperado, mas na relação contratual estabelecida entre a pessoa jurídica da cooperativa e a do contratante de seus serviços.*
>
> *2. A empresa tomadora dos serviços não opera como fonte somente para fins de retenção. A empresa ou entidade a ela*

---

[1] Sobre cooperativas de trabalho, v., nesta coletânea, v. 11, p. 29, v.13, p. 67, v. 16, p. 34 e 110.

[2] RE 595.838-SP, de 23.4.2014 (Etel Estudos Ténicos LTda. vs. União. Am. Curiae: ANAB — Associaçao Nacional das Administradoras de Benefícios). Rel.: Min. Dias Toffoli.

equiparada é o próprio sujeito passivo da relação tributária, logo, típico "contribuinte" da contribuição.

3. Os pagamentos efetuados por terceiros às cooperativas de trabalho, em face de serviços prestados por seus cooperados, não se confundem com os valores efetivamente pagos ou creditados aos cooperados.

*4. O art. 22, IV da Lei n. 8.212/91, com a redação da Lei n. 9.876/99, ao instituir contribuição previdenciária incidente sobre o valor bruto da nota fiscal ou fatura, extrapolou a norma do art. 195, inciso I, **a**, da Constituição, descaracterizando a contribuição hipoteticamente incidente sobre os rendimentos do trabalho dos cooperados, tributando o faturamento da cooperativa, com evidente bis in idem. Representa, assim, nova fonte de custeio, a qual somente poderia ser instituída por lei complementar, com base no art. 195, § 4º — com a remissão feita ao art. 154, I, da Constituição.*

5. Recurso extraordinário provido para declarar a inconstitucionalidade do inciso IV do art. 22 da Lei n. 8.212/91, com a redação dada pela Lei n. 9.876/99.[3]

---

[3] Disponível em: <http://www.stf.jus.br/portal/processo/verProcessoAndamento.asp?incidente=2651722>. Acesso em: 23 dez. 2014.

3. COPA. LEI GERAL. ADI IMPROCEDENTE

A ADIn 4.976-DF, de 7.5.2014[1], proposta pela Procuradoria Geral da República, considerou constitucional a polêmica Lei n. 12.663/12, a *Lei Geral da Copa*, em voto da relatoria do Min. Ricardo Lewandowski, cuja ementa é a seguir transcrita:

AÇÃO DIRETA DE INCONSTITUCIONALIDADE. ARTS. 23, 37 A 47 E 53 DA LEI N. 12.663/2012 (LEI GERAL DA COPA). EVENTOS DA COPA DAS CONFEDERAÇÕES FIFA 2013 E DA COPA DO MUNDO FIFA 2014. ASSUNÇÃO PELA UNIÃO, COM SUB-ROGAÇÃO DE DIREITOS, DOS EFEITOS DA RESPONSABILIDADE CIVIL PERANTE A FIFA POR DANOS EM INCIDENTES OU ACIDENTES DE SEGURANÇA. OFENSA AO ART. 37, § 6º, DA CF, PELA SUPOSTA ADOÇÃO DA TEORIA DO RISCO INTEGRAL. INOCORRÊNCIA. CONCESSÃO DE PRÊMIO EM DINHEIRO E DE AUXÍLIO ESPECIAL MENSAL AOS JOGADORES CAMPEÕES DAS COPAS DO MUNDO FIFA DE 1958, 1962 E 1970. ARTS. 5º, CAPUT, 19, III, E 195, § 5º, TODOS DA CF. VIOLAÇÃO AO PRINCÍPIO DA IGUALDADE E AUSÊNCIA DE INDICAÇÃO DA FONTE DE CUSTEIO TOTAL. ALEGAÇÕES REJEITADAS. ISENÇÃO CONCEDIDA À FIFA E A SEUS REPRESENTANTES DE CUSTAS E DESPESAS PROCESSUAIS DEVIDAS AOS ÓRGÃOS DO PODER JUDICIÁRIO DA UNIÃO. ART. 150, II, DA CF. AFRONTA À ISONOMIA TRIBUTÁRIA. INEXISTÊNCIA. AÇÃO JULGADA IMPROCEDENTE.

I — A disposição contida no art. 37, § 6º, da Constituição Federal não esgota a matéria relacionada à responsabilidade

---

[1] ADIn n. 4.976-DF, de 7.5.2014 (Procurador-Geral da República. Intdo.(a/s): Presidente da República e Congresso Nacional). Rel.: Min. Ricardo Lewandowski.

civil imputável à Administração, pois, em situações especiais de grave risco para a população ou de relevante interesse público, pode o Estado ampliar a respectiva responsabilidade, por danos decorrentes de sua ação ou omissão, para além das balizas do supramencionado dispositivo constitucional, inclusive por lei ordinária, dividindo os ônus decorrentes dessa extensão com toda a sociedade.

II — Validade do oferecimento pela União, mediante autorização legal, de garantia adicional, de natureza tipicamente securitária, em favor de vítimas de danos incertos decorrentes dos eventos patrocinados pela FIFA, excluídos os prejuízos para os quais a própria entidade organizadora ou mesmo as vítimas tiverem concorrido. Compromisso livre e soberanamente contraído pelo Brasil à época de sua candidatura para sediar a Copa do Mundo FIFA 2014.

III — Mostra-se plenamente justificada a iniciativa dos legisladores federais — legítimos representantes que são da vontade popular — em premiar materialmente a incalculável visibilidade internacional positiva proporcionada por um grupo específico e restrito de atletas, bem como em evitar, mediante a instituição de pensão especial, que a extrema penúria material enfrentada por alguns deles ou por suas famílias ponha em xeque o profundo sentimento nacional em relação às seleções brasileiras que disputaram as Copas do Mundo de 1958, 1962 e 1970, quais representam, ainda hoje, uma das expressões mais relevantes, conspícuas e populares da identidade nacional.

IV — O auxílio especial mensal instituído pela Lei n. 12.663/2012, por não se tratar de benefício previdenciário, mas, sim, de benesse assistencial criada por legislação especial para atender demanda de projeção social vinculada a acontecimento extraordinário de repercussão nacional, não pressupõe, à luz do disposto no art. 195, § 5º, da Carta Magna, a existência de contribuição ou a indicação de fonte de custeio total.

V — É constitucional a isenção fiscal relativa a pagamento de custas judiciais, concedida por Estado soberano que, mediante política pública formulada pelo respectivo governo, buscou garantir a realização, em seu território, de eventos da maior expressão, quer nacional, quer internacional. Legitimidade dos estímulos destinados a atrair o principal e indispensável parceiro envolvido, qual seja, a FIFA, de modo a alcançar os benefícios econômicos e sociais pretendidos.

VI — Ação direta de inconstitucionalidade julgada improcedente.[2]

---

[2] Disponivel em: <http://redir.stf.jus.br/paginadorpub/paginador.jsp?docTP=TP&docID=7044452>. Acesso em: 23 dez. 2014.

4. FGTS

4.1. CORREÇÃO DOS SALDOS NAS CONTAS VINCULADAS[1]

Tramita no STF a ADIn 5.090-DF[2], ajuizada a 12.2.2014, sendo relator o Min. Luís Roberto Barroso, que questiona a utilização da TR (Taxa Referencial) para correção dos depósitos do FGTS. A nosso ver, isso não é adequado, como tivemos ocasião de assinalar em artigo publicado em vários periódicos brasileiros [3]. O noticiário a respeito é:

> *O partido Solidariedade (SDD) ajuizou Ação Direta de Inconstitucionalidade (ADI 5090) no Supremo Tribunal Federal contra dispositivos das Leis ns. 8.036/1990 (art. 13) e 8.177/1991 (art. 17) que impõem a correção dos depósitos nas contas vinculadas do Fundo de Garantia do Tempo de Serviço (FGTS) pela Taxa Referencial (TR). O partido alega que as normas violam o direito de propriedade, o direito ao FGTS e a moralidade administrativa, presentes, respectivamente, nos arts. 5º, inciso XXII; 7º, inciso III; e 37,* caput, *da Constituição da República.*
>
> *O Solidariedade observa que o FGTS foi criado em 1966 a fim de proteger os empregados demitidos sem justa causa, em substituição à estabilidade decenal prevista na Consolidação das Leis do Trabalho (CLT). Com a Constituição de 1988, o sistema foi universalizado para todos os trabalhadores — que, afirma o partido, são os titulares dos depósitos efetuados. Enquanto propriedade*

---

[1] Acerca de atualização de contas, v., nesta coletânea, v. 7, p. 28.
[2] ADI 5.090-DF, de 12.2.2014 (Solidariedade. **Intdo.(a/s)** :Presidente da República e Congresso Nacional).Rel.: Min. Luís Roberto Barroso.
[3] V. meu artigo Revisão de FGTS: correção de uma injustiça, in: *Revista Magister de Direito do Trabalho*, v. 58, p. 16-24, 2014; LTr. Suplemento Trabalhista, v. 037/14, p. 171-174, 2014.; *Revista Síntese Trabalhista e Previdenciária*, v. 298, p. 121-127, 2014; Repertório de Jurisprudência IOB, v. 9-II, p. 316-319, 2014; RDT (Brasília), v. 4, p. 4, 2014.

do trabalhador, portanto, "impõe-se a preservação da expressão econômica dos depósitos de FGTS ao longo do tempo diante da inflação".

As duas normas questionadas determinam a incidência da TR, atual taxa de atualização da poupança, na correção monetária desses depósitos. O partido político ressalta, porém, que o STF adotou o entendimento de que a TR não pode ser utilizada para esse fim, "por não refletir o processo inflacionário brasileiro", citando como precedentes as ADIs 4357, 4372, 4400 e 4425.

A argumentação acrescenta ainda que a TR, ao ser criada, no início da década de 1990, se aproximava do índice inflacionário, mas, a partir de 1999, sofreu uma defasagem "que só se agrava com o decorrer do tempo" — a ponto de, em 2013, ter sido fixada em 0,1910%, enquanto o Índice Nacional de Preços ao Consumidor (INPC) e o Índice Nacional de Preços ao Consumidor Amplo Especial (IPCA-E) foram, respectivamente, de 5,56% e 5,84%.

"Pode-se afirmar que há, hoje, uma agressão ao núcleo essencial do próprio Fundo de Garantia", afirma o SD. "Aplicado índice inferior à inflação, a Caixa Econômica Federal, como ente gestor do Fundo, se apropria da diferença, o que claramente contraria a moralidade administrativa".

Ao impugnar os dispositivos legais, o partido esclarece que não pretende que a declaração de sua inconstitucionalidade tenha o escopo de fazer substituir o Poder Executivo ou o Legislativo na definição do índice de correção mais adequado. "Tenciona-se aqui é deixar assente que o crédito do trabalhador na conta do FGTS, como qualquer outro crédito, deve ser atualizado por índice constitucionalmente idôneo".

O relator da ADI 5090 é ministro Roberto Barroso.[4]

A ADI 5.090-DF até o final de 2014 não havia sido julgada.

---

[4] Disponível em: <http://www.stf.jus.br/portal/cms/verNoticiaDetalhe.asp?idConteudo=260205>. Acesso em: 11 jul. 2014.

4.2. PRESCRIÇÃO

Durante décadas, a prescrição para postular valores não depositados nas contas vinculadas de FGTS do trabalhador era de trinta anos. A jurisprudência nacional estava sedimentada, inclusive existe a Súmula n. 362 do TST reconhecendo a prescrição trintenária. Não havia questionamentos a respeito, salvo, claro, a inconformação natural da injustiça desse Fundo que não garante, como tenho sustentado, nem tempo nem emprego de nenhum obreiro deste país, exceto a certeza de que, bastando um simples gesto patronal, estará colocado no rol de desempregados.

Em 13.11.2014, julgando o ARE 709.212-DF[5], relatado pelo Min. Gilmar Mendes, o STF mudou o entendimento surpreendendo toda a Justiça brasileira e todos os obrigados a participar desse Fundo: a prescrição em casos dessa natureza agora é quinquenal. A ementa do aresto é:

> *Recurso extraordinário. Direito do Trabalho. Fundo de Garantia por Tempo de Serviço (FGTS). Cobrança de valores não pagos. Prazo prescricional. Prescrição quinquenal. Art. 7º, XXIX, da Constituição. Superação de entendimento anterior sobre prescrição trintenária. Inconstitucionalidade dos arts. 23, § 5º, da Lei n. 8.036/1990 e 55 do Regulamento do FGTS aprovado pelo Decreto n. 99.684/1990. Segurança jurídica. Necessidade de modulação dos efeitos da decisão. Art. 27 da Lei n. 9.868/1999. Declaração de inconstitucionalidade com efeitos ex nunc. Recurso extraordinário a que se nega provimento.*[6]

---

[5] RE c/ AGR 709.212-DF, de 31.11.2014 (Banco do Brasil S/A vs. Ana Maria Movilla de Pires e Marcondes). Rel.: Min. Gilmar Mendes

[6] Disponível em: <http://www.stf.jus.br/arquivo/cms/noticiaNoticiaStf/anexo/ARE709212 ementa.pdf>. Acesso em: 15 nov. 2014.

5. HORAS EXTRAS. INTERVALO PRÉVIO. CONSTITUCIONALIDADE

No RE 658.312-SC[1], de 27.11.2014, o STF entendeu que o intervalo do art. 384 da CLT, de quinze minutos antes do início de jornada extraordinária, é constitucional e devido apenas às trabalhadoras mulheres. A decisão, prolatada pelo Min. Dias Toffoli, não foi unânime, porque dois membros do colegiado (Mins. Luiz Fux e Marco Aurélio) entenderam que a norma não foi recepcionada pela Contituição de 1988 porque discriminatória.

Em nosso entendimento, já esposado algumas vezes, o dispositivo é perfeitamente constitucional mas, em vista do art. 5º, *caput*, da Constituição de 1988, que proíbe discriminação em razão de sexo, deve ter sua aplicação estendida também aos homens[2]. Note-se, ademais, que esse intervalo também se aplica a menor (art. 413, parágrafo único, da CLT). Apenas os homens foram excluídos, o que, *data venia*, deixa patente a violação ao direito fundamental da Constituição.

O voto do Relator, em versão preliminar, é o seguinte:

RELATÓRIO

A. Angeloni & Cia. Ltda. interpõe recurso extraordinário, com fundamento na alínea a do permissivo constitucional, contra acórdão da Segunda Turma do Tribunal Superior do Trabalho, assim ementado na parte que interessa:

"INTERVALO DE 15 MINUTOS PREVISTO NO ART. 384 DA CLT. PARA MULHERES ANTES DO LABOR EM SOBRE-

---

[1] RE 658.312-SC, de 27.11.2014 (A. Angeloni & Cia. Ltda. *vs.* Rode Keilla Tonete da Silva. *Amici Curiae*: Associação Brasileira dos Supermercados — ABRAS e Federação Brasileira dos Bancos — FEBRABAN) Rel.: Min. Dias Toffoli.

[2] V. o meu artigo *O intervalo do art. 384 da CLT, in* Doutrinas Jurídicas, v. 1830, p. 1-1, 2013, JTB. Jornal Trabalhista Consulex, v. 30, p. 4-6, 2013, Informativo COAD. Rio de Janeiro: COAD, 2013, v. 47, p. 89-91.

JORNADA. CONSTITUCIONALIDADE. O debate acerca da constitucionalidade do artigo 384 da CLT não suscita mais discussão no âmbito desta Corte, que, por intermédio do julgamento do TST-IIN-RR-1.540/2005-046-12-00.5, ocorrido na sessão do Tribunal Pleno no dia 17/11/2008, decidiu que o artigo 384 da CLT foi recepcionado pela Constituição Federal. Recurso de revista não conhecido" (fl. 213).

No apelo extremo, a recorrente sustenta, com fundamento em alegadas violações dos arts. 5º, inciso I; e 7º, inciso XXX, da Constituição Federal, não ter havido a recepção, pela Carta Constitucional de 1988, do art. 384 da Consolidação das Leis do Trabalho, o qual prevê a concessão de descanso de 15 minutos às mulheres entre a jornada de trabalho normal e o labor extraordinário, o que implicaria o pagamento de horas extras relativas a esse período. Aduz a recorrente a necessidade de se analisar o feito à luz do princípio da isonomia, haja vista que não pode ser admitida a diferenciação apenas em razão do sexo, sob pena de se estimular discriminação no trabalho entre iguais (fl. 225).

Admitido o recurso extraordinário pelo despacho da Ministra Vice-Presidente do Tribunal Superior do Trabalho, este Relator entendeu que a matéria suscitada no recurso extraordinário, de fato, possui índole eminentemente constitucional. Entendi que se deve avaliar, no caso dos autos, quão efetivamente se aplica o princípio da isonomia, com a consequente análise da justificativa para o tratamento diferenciado dispensado, na lei, às mulheres. Salientei, ademais, que a questão posta é relevante para os empregadores, para as trabalhadoras e para todos os tribunais com competência para julgar as ações trabalhistas, os quais podem vir a deparar com questionamentos que demandem a apreciação da constitucionalidade da norma mencionada.

Acompanhando o voto deste Relator, o Plenário desta Corte Suprema, em sessão realizada por meio eletrônico, confirmou a existência de repercussão geral da matéria, tendo a ementa do julgado sido redigida nos seguintes termos:

"DIREITO DO TRABALHO E CONSTITUCIONAL. RE-CEPÇÃO DO ARTIGO 384 DA CONSOLIDAÇÃO DAS LEIS

DO TRABALHO PELA CONSTITUIÇÃO FEDERAL DE 1988. DISCUSSÃO ACERCA DA CONSTITUCIONALIDADE DO INTERVALO DE 15 MINUTOS PARA MULHERES ANTES DA JORNADA EXTRAORDINÁRIA. MATÉRIA PASSÍVEL DE REPETIÇÃO EM INÚMEROS PROCESSOS, A REPERCUTIR NA ESFERA DE INTERESSE DE MILHARES DE PESSOAS. PRESENÇA DE REPERCUSSÃO GERAL."

O assunto foi inscrito como o Tema n. 528 da Gestão por Temas da Repercussão Geral do portal do Supremo Tribunal Federal. O feito prosseguiu para a colheita do parecer ministerial. O opinativo, da lavra do Procurador-Geral da República, Dr. Rodrigo Janot Monteiro de Barros (fls. 420/426), foi pelo conhecimento do recurso e por seu não provimento, sob o fundamento de que o dispositivo atacado não ofenderia o princípio da isonomia.

*Pela decisão acostada às fls. 431 e 432, admiti o ingresso no feito, como **amici curiae**, da Associação Brasileira de Supermercados (ABRAS) e da Federação Brasileira dos Bancos (FEBRABAN), e indeferi o pedido formulado por outra interessada. As amici curiae se manifestaram sobre as questões postas nos autos às fls. 264/272 e 308/324, respectivamente.*

O pedido de suspensão dos feitos em andamento nos tribunais pelo país foi indeferido, sem prejuízo, a toda evidência, da aplicação do art. 543-B, § 1º, do Código de Processo Civil (fls. 431 e 432).

É o relatório.

VOTO

Precede o julgamento em testilha uma breve contextualização.

Ressalte-se, como proêmio, que o resultado do julgamento do recurso de revista pelo Tribunal Superior do Trabalho fez prevalecer, no ponto que interessa a esse julgamento, o acórdão mediante o qual o Tribunal Regional do Trabalho da 12ª Região deu provimento parcial ao recurso da trabalhadora e, além de lhe ter concedido certas verbas trabalhistas, condenou a empregadora ao "pagamento de quinze minutos com o adicional de 50% [,] de forma indenizatória", nos termos do art. 384 da CLT, pedido esse que havia sido julgado improcedente na sentença (fls. 158 a 174).

Importa esclarecer os pontos essenciais levantados no recurso extraordinário: a) os arts. 5º, inciso I, e 7º, inciso XXX, da Constituição Federal de 1988 teriam concretizado, definitivamente, a igualdade entre homens e mulheres, razão pela qual o art. 384 da Consolidação das Leis do Trabalho não teria sido recepcionado pela nossa Carta Magna; b) não se justificaria "a diferenciação apenas em razão do sexo, sob pena de se estimular a discriminação no trabalho entre iguais", ainda mais quando "a recomposição da fadiga, no ambiente de trabalho, é igual para o homem e para a mulher"; c) além de inexistir razões suficientes para o tratamento desigual, esse não possuiria gênese constitucional. Assim, pugna a recorrente pela reforma da decisão objurgada, para que seja afastada sua condenação ao pagamento da indenização referente ao intervalo de 15 minutos, com adicional de 50%, previsto na norma infraconstitucional, sob pena de ofensa ao princípio da isonomia.

Saliento inexistir precedente desta Corte especificamente sobre o mérito desse tema. Os recursos submetidos a julgamento foram julgados prejudicados por fundamentos outros. Vide: ARE n. 653.887/PR, Relatora a Ministra Cármen Lúcia, julgado em 30.8.12 e ARE n. 731.313/RS, de minha relatoria, julgado em 17.6.13. Os demais recursos que tramitavam na Corte baixaram à origem após o reconhecimento da repercussão geral da matéria.

Delineadas as questões constitucionais controvertidas, impende tecer algumas considerações acerca do texto e do histórico da norma inquinada de inconstitucional, a qual se encontra no Capítulo III da Consolidação das Leis do Trabalho — que traz regras específicas sobre a "Proteção do Trabalho da Mulher". Eis o texto:

"Art. 384. Em caso de prorrogação do horário normal, será obrigatório um descanso de quinze (15) minutos no mínimo, antes do início do período extraordinário do trabalho."

Esse dispositivo ingressou neste país na vida jurídica das mulheres com o Decreto-lei n. 5.452, de 1º de maio de 1943, o qual foi sancionado pelo então presidente Getúlio Vargas durante o período do Estado Novo, no qual não só se unificou toda a legislação trabalhista, como também se inseriram no mundo jurídico novos direitos dos trabalhadores.

Temos de relembrar que a cláusula geral da igualdade foi expressa em todas as Constituições brasileiras.

O art. 179, inciso XIII, da Constituição de 1824 previa que "[a] lei será igual para todos, quer proteja, quer castigue, e recompensará em proporção dos merecimentos de cada um".

A Constituição de 1891, com a redação dada pela Emenda Constitucional de 3 de setembro de 1926, preocupava-se com a igualdade formal entre as pessoas, a fim de impedir que se fizessem distinções em função das posses ou de títulos nobiliárquicos ou de nascimento, estabelecendo o seguinte: "[t]odos são iguaes perante a lei. A República não admitte privilegios de nascimento, desconhece foros de nobreza, e extingue as ordens honorificas existentes e todas as suas prerogativas e regalias, bem como os titulos nobiliarchicos e de conselho" (art. 72, § 2º).

Somente com a Constituição brasileira de 1934 é que, pela primeira vez, ressaltou-se o tratamento igualitário entre o homem e a mulher, quando, de forma exemplificativa, retratou a Constituição a obrigação da lei de garantir esse tratamento isonômico: "[t]odos são iguais perante a lei. Não haverá privilégios, nem distinções, por motivo de nascimento, sexo, raça, profissões próprias ou dos pais, classe social, riqueza, crenças religiosas ou ideias políticas" (art. 113, '1'). Esse texto foi retomado, quanto a seus aspectos elucidativo e ilustrativo, incluindo o tratamento isonômico quanto ao gênero, no art. 153, § 1º, da Emenda Constitucional n. 1 de 1969.

Quando foi sancionada a Consolidação das Leis Trabalhistas, vigorava a Constituição de 1937, a qual se limitou, como na Constituição de 1946, a garantir a cláusula geral de igualdade, expressa na fórmula "todos são iguais perante a lei". Nessa última Carta, o art. 157, inciso II, proibia, expressamente, qualquer tratamento diferenciado nos salários para um mesmo trabalho por motivo de idade, sexo, nacionalidade ou estado civil.

Nem a inserção de cláusula geral de igualdade em todas as nossas Constituições nem a inserção de cláusula específica de igualdade de gênero na Carta de 1934 impediram, como é de todos sabido, a plena igualdade entre os sexos no mundo dos fatos.

Não foi por outro motivo que a Constituição Federal de 1988, sobre o tema, explicitou, em três mandamentos, a necessária garantia da igualdade, sob seus diversos aspectos. Assim: i) fixou a cláusula geral de igualdade, prescrevendo, em seu art. 5º, caput, que "todos são iguais perante a lei, sem distinção de qualquer natureza (...)"; ii) estabeleceu uma cláusula específica de igualdade de gênero, declarando que "homens e mulheres são iguais em direitos e obrigações" (art. 5º, inciso I, CF); e iii) ao mesmo tempo, deixou excepcionada a possibilidade de tratamento diferenciado, por opção do constituinte, na parte final desse dispositivo, salientando que isso se dará "nos termos [da] Constituição".

As situações expressas de tratamento desigual, sobre as quais poderia ocorrer alguma dúvida, foram dispostas formalmente na própria Constituição, como podemos verificar, por exemplo, nos arts. 7º, inciso XX, e 40, § 1º, inciso III, letras a e b.

Pela leitura esses dispositivos podemos concluir que a Constituição Federal veio a se utilizar de alguns critérios para esse tratamento diferenciado: i) em primeiro lugar, levou em consideração a histórica exclusão da mulher do mercado regular de trabalho e impôs ao Estado a obrigação de implantar políticas públicas, administrativas ou meramente legislativas de natureza protetora no âmbito do direito do trabalho (PITANGUY, Jacqueline & BARSTED, Leila L. (orgs.). O Progresso das Mulheres no Brasil. Brasília: UNIFEM,Fundação Ford e CEPIA, 2006); ii) considerou existir um componente orgânico, biológico, a justificar o tratamento diferenciado, inclusive pela menor resistência física da mulher; e iii) considerou haver, também, um componente social, pelo fato de ser comum o acúmulo de atividades pela mulher no lar e no ambiente de trabalho — o que, de fato, é uma realidade e, portanto, deve ser levado em consideração na interpretação da norma, como propõe a metódica concretista de Friedrich Müller (cf. Métodos de trabalho do Direito Constitucional. Trad. Peter Naumann: Rio de Janeiro, Renovar, 2005 e O novo paradigma do direito: introdução à teoria e à metódica estruturantes do direito. Trad. Dimitri Dimoulis et. al.. São Paulo: Revista dos Tribunais, 2008). Não vislumbro ser a espécie um enunciado normativo que retrate mecanismo de compensação histórica por discriminações socioculturais fundado na doutrina do "impacto desproporcional", tal qual desenvolvida pelo sistema jurídico norte-americano. O art. 384 da CLT levou em consideração os outros dois critérios acima elencados.

Esses parâmetros constitucionais são legitimadores de um tratamento diferenciado, desde que a norma instituidora amplie direitos fundamentais das mulheres e atenda ao princípio da proporcionalidade na compensação das diferenças. Essa é a tese em jogo e, ao se analisar o teor da regra atacada, podemos inferir que a norma trata de aspectos de evidente desigualdade de forma proporcional, garantindo o período de descanso de, no mínimo, quinze (15) minutos antes do início do período extraordinário de trabalho, à mulher trabalhadora.

É fato que houve, com o tempo, a supressão de alguns dispositivos protetores da mulher que cuidavam do trabalho noturno e da jornada de trabalho da empregada, previstos nos arts. 374 a 376, 378 a 380 e 387 da Consolidação das Leis do Trabalho. Ocorre que, quando da revogação desses dispositivos pela Lei n. 7.855, de 24.10.89, o legislador entendeu que deveria manter a regra do art. 384 da CLT, a fim de lhe garantir uma diferenciada proteção, dada a identidade biossocial peculiar da mulher e da sua potencial condição de mãe, gestante ou administradora do lar.

Aliás, não há como negar que há diferenças quanto à capacidade física das mulheres em relação aos homens — inclusive com levantamentos científicos (vide BARROS, Alice Monteiro de. Curso de Direito do Trabalho. LTr, 2008, p. 1080; COSTA, Jurandir Freire. Homens e Mulheres. In: Ordem Médica e Norma Familiar. Rio de Janeiro: Graal, 1979, p. 235-261; SZAPIRO, Ana Maria. Diferença sexual, igualdade de gênero: ainda um debate contemporâneo. In: D'Ávila, Maria Inácia, PEDRO, Rosa (Orgs.). Tecendo o Desenvolvimento: saberes, gênero, ecologia social. Rio de Janeiro: Mauad: Bapera, 2003. p. 83-94; BENNETT, James T. The Politics of American Feminism: Gender Conflict in Contemporary Society. University Press of America, 2007). Cuida-se de argumento real e que deve ser considerado. Tanto é que o art. 390 da CLT protege a trabalhadora, impedindo o empregador de contratar mulher em "serviço que demande o emprego de força muscular superior a 20 (vinte) quilos para o trabalho continuo, ou 25 (vinte e cinco) quilos para o trabalho ocasional".

Confira-se, sobre o tema, o escólio do saudoso professor Celso Ribeiro Bastos: "homens e mulheres não são, em diversos sentidos, iguais, sem que com isso se queira afirmar a primazia de um sobre o outro. O que cumpre notar é que, por serem diferentes, em alguns momentos haverão forçosamente de possuir direitos adequados a estas desigualdades" (BASTOS, Celso Ribeiro e MARTINS, Ives Gandra. Comentários à Constituição do Brasil. São Paulo: Saraiva, 1989, p. 18).

O Tribunal Superior do Trabalho vem reconhecendo a vigência do dispositivo ora impugnado. Destaco trecho do voto do eminente Ministro Ives Gandra Martins Filho, Relator no julgamento do RR n. 121100-07.2010.5.13.0026, da Sétima Turma, em 7.3.12, que acentuou a necessidade da manutenção da discriminação positiva em benefício da mulher:

> "Ressalte-se que o maior desgaste natural da mulher trabalhadora, em comparação com o homem, dada a diferente compleição física, não foi desconsiderado pelo Constituinte de 1988, que garantiu, por exemplo, diferentes condições para a obtenção da aposentadoria para homens e mulheres, bem como previu períodos distintos de licenças maternidade e paternidade (CF, art. 7º, XVIII e XIX; art. 201, § 7º, I e II; ADCT, art. 10, § 1º).
>
> Assim é que a própria Constituição da República, tendo em mira o estabelecimento de uma igualdade material, em detrimento de uma igualdade meramente formal, estabeleceu algumas diferenças entre os sexos. Logo, com o objetivo precisamente de concretizar o princípio albergado no inciso I do art. 5º da CF, devem-se tratar desigualmente homens e mulheres, na medida das suas desigualdades.
>
> É justamente dentro desse conceito de igualdade material que se insere a ideia de concessão de vantagens específicas às trabalhadoras do sexo feminino, em função de suas circunstâncias próprias, como é o caso do intervalo de 15 minutos antes de iniciar uma jornada extraordinária de que trata o art. 384 da CLT.

Deve ser observado, por outro lado, que o Pleno desta Corte Superior, apreciando incidente de inconstitucionalidade (cfr. TST-IIN-RR-1.540/2005-046-12-00.5), concluiu que o art. 384 da CLT foi recepcionado pela Constituição de 1988, entendendo que a razão de ser do referido dispositivo legal é a proteção da trabalhadora mulher, fisicamente mais frágil que o homem e submetida a um maior desgaste natural em face da sua dupla jornada de trabalho, o que justifica o tratamento diferenciado da mulher em termos de jornada de trabalho e período de descanso" (DEJT, 9/3/12).

Também nesse sentido, há os seguintes julgados daquela Corte Superior: TST-IIN-RR-1.540/2005-046-12-00.5, Relator o Ministro Ives Gandra, Tribunal Pleno, DEJT de 13.2.09; TST-RR--218600-78.2009.5.02.0070, Relator o Ministro José Roberto Freire Pimenta, 2ª Turma, julgado em 6.3.13; TST-E-RR-46500--41.2003.5.09.0068, Relatora Ministra Maria Cristina Irigoyen Peduzzi, Subseção I Especializada em Dissídios Individuais, DEJT 12.3.2010; TST-E-RR-2868400-73.2002.5.09.0900, Relator o Ministro Horácio Raymundo de Senna Pires, Subseção I Especializada em Dissídios Individuais, DEJT 20.2.09; TSTRR-43500--48.2008.5.04.0019, 2ª Turma, Relator o Ministro Renato de Lacerda Paiva, DEJT 16.12.10; TST-RR-17291/2000-015-09-00, 8ª Turma, Relatora a Ministra Maria Cristina Irigoyen Peduzzi, DJ 15.6.09; TST-RR-20198/2005-013-09-00, 1ª Turma, Relator o Ministro Lelio Bentes Corrêa, DJ 12.6.09; TST-RR-3339/2000-069-09-00, 5ª Turma, Relatora a Ministra Kátia Magalhães Arruda, DJ 12.6.09; e TST-RR-1300-14.2008.5.02.0332, Relator o Ministro Fernando Eizo Ono, julgado em 29.6.11.

Não parece existir fundamento sociológico ou mesmo comprovação por dados estatísticos a amparar a tese de que o dispositivo em questão dificultaria ainda mais a inserção da mulher no mercado de trabalho. Nãohá notícia da existência de levantamento técnico ou científico a demonstrar que o empregador prefira contratar homens, em vez de mulheres, em virtude da obrigação em comento.

Por sua vez, diante desses argumentos jurídicos, não há espaço para uma interpretação que amplie, sob a tese genérica da isonomia, a concessão da mesma proteção ao trabalhador do sexo masculino, pois além de os declinados raciocínios lógico e jurídico impedirem que se aplique a norma ao trabalhador homem, sob o prisma teleológico da norma, não haveria sentido em se resguardar a discriminação positiva diante das condicionantes constitucionais mencionadas. Adotar a tese ampliativa acabaria por mitigar a conquista obtida pelas mulheres. Torno a insistir: o discrímen, na espécie, não viola a universalidade dos direitos do homem, na medida em que o legislador vislumbrou a necessidade de maior proteção a um grupo de trabalhadores, de forma justificada e proporcional.

Inexiste, outrossim, violação da Convenção sobre a Eliminação de Todas as Formas de Discriminação contra a Mulher — adotada pela Resolução n. 34/180 da Assembleia Geral das Nações Unidades em 18.12.1979 e ratificada pelo Brasil em 1º.2.1984, por meio do Decreto Legislativo n. 93, de 14 de novembro de 1983 —, na medida em que seu art. 1º bem delineou o sentido da expressão "discriminação", a saber: "Artigo 1º — Para fins da presente Convenção, a expressão 'discriminação contra a mulher' significará toda distinção, exclusão ou restrição baseada no sexo e que tenha por objeto ou resultado prejudicar ou anular o reconhecimento, gozo ou exercício pela mulher, independentemente de seu estado civil, com base na igualdade do homem e da mulher, dos direitos humanos e liberdades fundamentais nos campos político, econômico, social, cultural e civil ou em qualquer outro campo" (negritos nossos).

A normativa internacional, além de vigorar em nosso país, foi recepcionada pela nossa Carta Constitucional de 1988, que, inclusive, proclamou outros direitos específicos das mulheres: i) nas relações familiares, ao coibir a violência doméstica (art. 226, §§ 5º e 8º); ii) quanto ao mercado de trabalho, ao proibir a discriminação (art. 7º, inciso XXX) e, principalmente, iii) ainda quanto ao mercado de trabalho, ao garantir uma proteção especial à mulher mediante incentivos específicos, conforme previsão do art. 7º, XX, regulamentado pela Lei n. 9.799, de 26 de maio de 1999, que inseriu na Consolidação das Leis do Trabalho regras sobre o acesso da mulher ao mercado de trabalho.

O fato é que tanto as disposições constitucionais, convencionais como as infraconstitucionais não impedem que ocorram tratamentos diferenciados, desde que existentes elementos legítimos para o discrímen e que as garantias sejam proporcionais às diferenças existentes entre os gêneros, ou ainda, definidas por algumas conjunturas sociais. Sobre o tema, vide a sóbria e exata colocação de Celso Antônio Bandeira de Mello:

"[P]or via do princípio da igualdade, o que a ordem jurídica pretende firmar é a impossibilidade de desequiparações fortuitas ou injustificadas. Para atingir este bem, este valor absorvido pelo Direito, o sistema normativo concebeu fórmula hábil que interdita, o quanto possível, tais resultados, posto que, exigindo igualdade, assegura que os preceitos genéricos, os abstratos e atos concretos colham a todos sem especificações arbitrárias, assim proveitosas que detrimentosas para os atingidos" (O conteúdo jurídico do princípio da igualdade. São Paulo, Malheiros, 1999, p. 18).

Reitero: não houve tratamento arbitrário ou em detrimento do homem. O que o legislador verificou foi a necessidade de, diante das diferenças já suscitadas, conferir às mulheres o benefício normativo juslaboral.

Anoto, verbi gratia, outras hipóteses normativas em que se concebeu a igualdade não a partir de sua formal e irreal acepção, decorrente do liberalismo clássico, mas como um fim necessário em situações de desigualdade: i) direitos trabalhistas extensivos aos trabalhadores não incluídos no setor formal, como é o caso das trabalhadoras domésticas; ii) licença-maternidade, sem prejuízo do emprego e do salário, com prazo superior à licença-paternidade; iii) prazo menor para a mulher adquirir a aposentadoria por tempo de serviço e de contribuição, nos termos dos arts. 40, inciso III e 201, § 7º, da Constituição Federal; iv) Lei n. 9.504, de 30 de setembro de 1997, que dispôs que cada partido ou coligação deve reservar o mínimo de 30% e o máximo de 70% para candidaturas de cada sexo (art. 10, § 3º, com a redação dada pela Lei n. 12.034, de 2009); e v) "Lei Maria da Penha" (Lei n. 11.340/2006), que estabeleceu uma série de proteções especiais às mulheres vítimas de violência doméstica. A Segunda Turma desta Corte, no julgamento do MS n. 29.963, Relator o Ministro Gilmar Mendes, entendeu ser possível, em etapa de concurso público, exigir-se teste físico diferenciado para o homem e a mulher quando preenchidos os requisitos da necessidade e da adequação para o discrímen. Vide *importante trecho do voto:*

> "No caso, há que se destacar que as atribuições previstas para o cargo pleiteado, notadamente 'a garantia da incolumidade física de dignitários, testemunhas e de pessoas ameaçadas que conduzam', exigem bom condicionamento físico, motivo pelo qual concluo que a exigência do teste de aptidão física possui estrita pertinência com as atribuições do cargo e que é perfeitamente legítimo à Administração Pública selecionar os candidatos mais bem qualificados.
>
> Ademais, no que se refere à suposta violação do princípio da isonomia tendo em vista o estabelecimento de regras distintas para homens e mulheres para realização do teste físico, acolho o parecer do Ministério Público Federal que, aplicando a teoria do impacto desproporcional, assentou o seguinte:
>
> > 'Se, na prova de esforço físico, considerasse absolutamente iguais homens e mulheres, criaria para estas um impacto desproporcional. Sabe-se que os homens possuem maiores condições de resistência física do que as mulheres, o que se prova pela mera verificação do que ocorre nos esportes. Não há, em qualquer competição que envolva resistência física, disputa entre homens e mulheres. Cada um desses grupos compete entre si'.
>
> Assim, entendo que a exigência específica do teste de aptidão física no certame em questão, para cargo de Técnico de Apoio Especializado/Transporte, não infringe o Texto Constitucional.
>
> Ante o exposto, casso a liminar anteriormente deferida e voto pela denegação da segurança" (DJe 23.9.11).

O amparo da jurisprudência e da doutrina a essa tese também foi bem lembrado pela Procuradoria-Geral da República em seu respeitável parecer (fl. 426):

"*Ademais, a CLT, ao estabelecer um Capítulo destinado à 'PROTEÇÃO DO TRABALHO DA MULHER', demonstrou inequívoco interesse em estabelecer regime jurídico distinto entre homens e mulheres, em situações específicas. Desse modo, não se afigura inconstitucional a diferenciação estabelecida em razão de critério objetivo e razoável (saúde da mulher), tal como ocorre na espécie.*

O tratamento diferenciado entre homem e mulher já foi admitido pelo Supremo Tribunal Federal:

'*EMENTA: Promoção de militares dos sexos masculino e feminino: critérios diferenciados: carreiras regidas por legislação específica: ausência de violação ao princípio da isonomia: precedente (RE 225.721, Ilmar Galvão, DJ 24.04.2000)' (AI-AgR 511.131-BA — Min. Sepúlveda Pertence, Primeira Turma, DJ de 15.04.2005).*

Vale transcrever excerto do artigo 'A Interpretação do Artigo 384 da Consolidação das Leis de Trabalho e o Tratamento Isonômico entre Homens e Mulheres', acerca do tema:

'*Sem embargo, com a devida vênia à tese defendida por parte da doutrina e da jurisprudência pátrias, que perfilham entendimento no sentido de ser inconstitucional o texto do art. 384 da CLT, entende-se que a proteção ao labor da mulher quanto a sua duração configura-se proteção à situação desigual, sem qualquer ofensa ao princípio constitucional da igualdade.'(OLIVEIRA, Maria Fernanda Pereira de. In: Repertório IOB de jurisprudência: trabalhista e previdenciário, n. 13, p. 425-422, 1ª Quinzena de julho de 2008).*"

Dúvida não há de que a Constituição Federal de 1988 representou um marco contra a discriminação da mulher, inclusive nos ambientes laboral e familiar. No entanto, não vislumbro motivos para que se utilize desse argumento para eliminar garantias que foram instituídas por escolha do legislador, dentro de sua margem de ação.

Ainda que existisse alguma dúvida — o que não ocorreu com este Relator — na espécie caberia a aplicação do "forema" in dubio pro legislatore, *que, para alguns doutrinadores, como García Amado (apud PULIDO, Carlos Bernal. El neoconstitucionalismo a debate. Bogotá: Instituto de Estudios Constitucionales, 2006, p. 17), é, em verdade, uma regra de preferência quando há zona de penumbra quanto à constitucionalidade ou não de uma decisão discricionária adotada pelo legislador.*

Da mesma forma, quando se vislumbra, pela abertura constitucional, uma pluralidade de concretizações possíveis, há que se respeitar o "pensamento possibilista", há muito defendido por Peter Häberle, apoiado no escólio de Niklas Luhmann (Komplexität und Demokratie, PSV, 4, 1968, p. 494 e ss.), na defesa da própria democracia, desde que, como bem anotou aquele filósofo e jurista, as alternativas surjam dos marcos constitucionais (HÄBERLE, Peter. Pluralismo y constitución: estudios de teoría constitucional de la sociedad abierta. Estudio preliminar y traducción de Emilio Mikunda-Franco. Madrid: Tecnos, 2002, p. 68).

O dispositivo atacado não viola o art. 7º, inciso XXX, da Constituição Federal, na medida em que não diz respeito a tratamento diferenciado quanto ao salário a ser pago a homens e mulheres, a critérios diferenciados de admissão, ou mesmo a exercício de funções diversas entre diversos gêneros. Essa norma, como já salientei, com o devido respeito àqueles que advogam a tese contrária, não gera, no plano de sua eficácia, prejuízos ao mercado de trabalho feminino. Aliás, o intervalo previsto no art. 384 da CLT só tem cabimento quando a trabalhadora labora, ordinariamente, com jornada superior ao limite permitido pela lei e o empregador exige, diante de uma necessidade, que se extrapole esse período. Adotar-se a tese da prejudicialidade nos faria inferir, também, que o salário-maternidade, a licença-maternidade, o prazo reduzido para a aposentadoria, a norma do art. 391 da CLT, que proíbe a despedida da trabalhadora pelo fato de ter contraído matrimônio ou estar grávida, e outros benefícios assistenciais e previdenciários existentes em favor das mulheres acabariam por desvalorizar a mão de obra feminina.

Portanto, há que se concluir que o art. 384 da CLT foi recepcionado pela atual Constituição, visto que são legítimos os argumentos jurídicos a garantir o direito ao intervalo. O trabalho contínuo impõe à mulher o necessário período de descanso, a fim de que ela possa se recuperar e se manter apta a prosseguir com suas atividades laborais em regulares condições de segurança, ficando protegida, inclusive, contra eventuais riscos de acidentes e de doenças profissionais. Além disso, o período de descanso contribui para a melhoria do meio ambiente de trabalho, conforme exigências dos arts. 7º, inciso XXII e 200, incisos II e VIII, da Constituição Federal.

Descabe à Suprema Corte decidir sobre a interpretação da norma em seu nível infraconstitucional e definir de que forma se dará seu cumprimento; qual será o termo inicial da contagem; se haverá ou não o dever de se indenizar o período de descanso e quais serão os eventuais requisitos para o cálculo do montante.

Antecipo que não considero que essa norma constitua um núcleo irreversível do direito fundamental, ou que implique o mínimo existencial social do direito fundamental da trabalhadora mulher. Nesse sentido, não há que se olvidar que, em sua redação primitiva, verbi gratia, os arts. 379 e 380 da CLT proibiam o trabalho noturno para as mulheres. Após a avaliação pelo constituinte e pelo legislador, esses dispositivos acabaram sendo revogados pela Lei n. 7.855, de 24.10.89, remanescendo em vigor hoje, por outro lado, o art. 381 da CLT, o qual estabelece que o trabalho noturno das mulheres terá salário superior ao diurno, fixa um percentual adicional de 20% (vinte por cento) no mínimo (§ 1º) e estipula que "cada hora do período noturno de trabalho das mulheres terá 52 (cinquenta e dois) minutos e 30 (trinta) segundos" (§ 2º).

No futuro, havendo efetivas e reais razões fáticas e políticas para a revogação da norma, ou mesmo para a ampliação do direito a todos os trabalhadores, o espaço para esses debates há de ser respeitado, que é o Congresso Nacional.

Ante o exposto, voto pelo não provimento do recurso extraordinário e pela fixação das teses jurídicas de que o art. 384 da CLT foi recepcionado pela Constituição Federal de 1988 e que a norma se aplica a todas as mulheres trabalhadoras.[3]

---

[3] Texto em revisão, disponível em: http://www.stf.jus.br/arquivo/cms/noticiaNoticiaStf/anexo/RE658312.pdf. Acesso em 17.12.2014

6. LICENÇA-MATERNIDADE. GESTANTE X ADOTANTE[1]

O STF reconheceu, a 21.11.2014, repercussão geral no RE 778.889-PE [2], relatado pelo Min. Luiz Roberto Barroso, que se refere à duração da licença-maternidade para gestante e adotante. O noticiário acerca do tema é o seguinte:

> *A legislação pode prever a concessão de prazos diferenciados de licença-maternidade para servidoras públicas gestantes e adotantes? O tema deverá ser decidido pelo Supremo Tribunal Federal (STF) na análise do Recurso Extraordinário (RE) 778889, que teve repercussão geral reconhecida pelo Plenário Virtual da Corte.*
>
> *O Tribunal Regional Federal da 5ª Região (TRF-5) negou apelação de uma servidora pública federal que pretendia obter 180 dias de licença-maternidade adotante, em equiparação ao prazo concedido para a licença gestante, em razão de ter recebido a guarda de uma criança menor de um ano.*
>
> *Em seu julgamento, o TRF-5 decidiu que a diferenciação de períodos de licença-maternidade, estabelecida pela Lei n. 8.112/1990 e pela Resolução n. 30/2008 (CJF), para as servidoras que adotam uma criança e para aquelas que geram os filhos naturalmente não ofende o princípio da isonomia previsto na Constituição Federal, uma vez que cada uma apresenta diferentes necessidades, que não se encontram numa mesma situação fática. O acórdão aponta que as mães biológicas, durante a*

---

[1] Acerca de licença-maternidade e mãe adotiva, v., nesta coletânea, v. 4, p. 32, e v. 6, p. 32.

[2] RE 778.889-PE, de 21.11.2014. (Mônica Correia de Araujo *vs.* União). Rel.: Min. Roberto Barroso.

gestação, passam por transformações físicas e psicológicas, além de submeterem-se ao procedimento do parto, precisando de um maior período de tempo em repouso não só para a recuperação pós-parto, mas também para proteger sua própria saúde, haja vista que por questões fisiológicas não conseguem desempenhar suas atividades profissionais.

No recurso apresentado ao STF, a servidora diz entender que a licença maternidade não equivale a uma licença médica para recuperação pós-parto, mas a um benefício que visa assegurar a mãe e filho a companhia um do outro, em prol do estabelecimento de laços afetivos essenciais ao surgimento de um adulto saudável.

Para o relator do caso, ministro Luís Roberto Barroso, o debate acerca da validade de dispositivos legais que preveem prazos distintos de licença-maternidade a servidoras gestantes e adotantes, especialmente à luz do art. 227 (§ 6º) da Constituição — segundo o qual os filhos, havidos ou não da relação do casamento, ou por adoção, terão os mesmos direitos e qualificações — tem clara natureza constitucional.

Ao se manifestar pela existência de repercussão geral, o ministro disse que o tema tem relevância sobre os aspectos econômico, social e jurídico, além de ser passível de repetição em inúmeros feitos, "impondo-se o julgamento por esta Corte a fim de orientar a atuação da Administração e das servidoras interessadas em adoções. A decisão, assim, ultrapassa os interesses subjetivos da causa", concluiu.

As decisões pelo reconhecimento da natureza constitucional e da repercussão geral na matéria foram unânimes. [3]

---

[3] Disponível em: <http://www.stf.jus.br/portal/cms/verNoticiaDetalhe.asp?idConteudo=280586>. Acesso em: 1 dez. 2014.

7. MEIO AMBIENTE DO TRABALHO[1]. AMIANTO

A RCL 16.637-SP[2] foi, a 1.9.2014, julgada improcedente, admitindo-se, em consequência, novas ações civis públicas ajuizadas pelo Ministério Público do Trabalho pretendendo direito de indenização a trabalhadores vítimas de exposição ao amianto, no ambiente de trabalho. Na oportunidade, tornou sem efeito decisão liminar concedida à empresa referida em dezembro de 2013, que suspendera os efeitos da tutela antecipada deferida pelo Juízo da 9ª Vara do Trabalho de São Paulo no âmbito de ações civis públicas ajuizadas.

O *decisum* é do Min. Celso de Mello, nos seguintes termos:

> *Trata-se de reclamação **na qual se sustenta** que o ato judicial ora questionado — **emanado** da MMª Juíza da 9ª Vara do Trabalho de São Paulo/SP — **teria desrespeitado** a autoridade da decisão que o Supremo Tribunal Federal **proferiu** no julgamento **do RE 542.231/SP**, de que fui Relator.*
>
> *Eis, em síntese, **os fundamentos** expostos pela parte ora reclamante, **para justificar** o alegado desrespeito à autoridade da decisão emanada desta Suprema Corte:*
>
> *"1. **Como lhe facultam o art. 102, inciso I, alínea 'I', da Constituição Federal,** o art. 13 da Lei n. 8.038/90 e o art. 156 e seguintes do Regimento Interno desse Excelso STF ('RISTF'), a ETERNIT vale-se desta reclamação com o fim imediato de buscar a garantia da autoridade da decisão proferida por este Excelso STF, pela qual o Eminente*

---

[1] Sobre meio ambiente, v., nesta coletânea, v. 10, p. 182

[2] RCL 16.637-SP, de 1.9.2014 (Associação Brasileira dos Expostos ao Amianto — ABREA vs. Eternit S/A. Intdo.(a/s): Juiz do Trabalho da 9ª Vara do Trabalho de São Paulo e Ministério Público do Trabalho). Rel.: Min. Gilmar Mendes.

Ministro Celso de Mello reconheceu ser da Justiça Estadual a competência para o julgamento da controvérsia jurídica iniciada pelo Ministério Público e ABREA contra a ETERNIT em relação aos antigos empregados da sua unidade na Cidade de Osasco/SP, em razão de supostos danos causados pela exposição ao amianto até 1993, ano do encerramento daquela atividade fabril.

*2. **Isso porque**, a MMa. Juíza da 9ª Vara do Trabalho de São Paulo reconheceu ser competente para processar e julgar duas novas ações civis públicas ajuizadas pelo MPT (Processo n. 00021067220135020009 — doc. n. 4) e pela ABREA — (Processo n.. 002715-55.2013.5.02.0009 — doc. n. 5), (doravante 'Novas ACPs'), **que reproduzem a mesma controvérsia jurídica**, entre as mesmas partes e com a mesma causa de pedir e pedidos, anteriormente definida pelo STF como de competência da Justiça Estadual.*

*3. **Mas** a despeito de advertida acerca da anterior ação, a MMa. Juíza deferiu em parte o pedido de tutela antecipada formulado pelo MPT, para o efeito de determinar que a ETERNIT custeie assistência médica integral a centenas de ex-empregados, observadas determinadas condições, sob pena de pagamento de multa diária de R$ 50.000,00 (cinquenta mil reais) por indivíduo (docs. nos 6/7).*

*4. **Ao aceitar a tramitação das Novas ACPs na Justiça do Trabalho**, com o devido respeito, a MMa. Juíza 'a quo' desobedeceu frontalmente a decisão deste Excelso STF, nos autos do RE 542.231 decorrente da anterior Ação Civil Pública n.. 04.043728-0 ('Antiga ACP' — Doc. n. 8), ajuizada pelo Ministério Público do Estado de São Paulo ('MPE') e do qual ABREA figurou como assistente litisconsorcial. Ao decidir a competência para julgar os mesmos fatos e fundamentos agora requerentados pelas Novas ACPs, o Excelso STF já havia decidido que a controvérsia jurídica lançada pelo Ministério Público e ABREA contra a ETERNIT em relação a seus antigos empregados de Osasco deve ser julgada exclusivamente pela Justiça Estadual."* (**grifei**)

Ao prestar as informações que lhe foram solicitadas, a Procuradoria Regional do Trabalho da 2ª Região **alegou inexistir**

*identidade entre a ação civil coletiva proposta, anteriormente, pelo Ministério Público do Estado de São Paulo **e** a ação civil pública **supervenientemente** ajuizada pelo Ministério Público do Trabalho, **aduzindo**, em síntese, **os seguintes fundamentos**:*

"III — DA AUSÊNCIA DE IDENTIDADE ENTRE AÇÃO CIVIL PÚBLICA DO MPT E A AÇÃO CIVIL COLETIVA DO MPE/ SP .

..

*(...) **Equivoca-se** o Reclamante **ao afirmar que** o Ministério Público do Trabalho (MPT) **estaria repetindo** ação já proposta pelo Ministério Público do Estado de São Paulo (MPE/SP).*

***A distinção se sobressai desde o seu aspecto técnico**, pois, ontologicamente, tratam-se de instrumentos processuais distintos, isto é, o MPE/SP manejou uma ação civil coletiva e o MPT promove uma ação civil pública.*

***A ação do MPE/SP corresponde a instrumento processual previsto apenas no âmbito infraconstitucional**, na forma do art. 91, da Lei n. 8.078/90 (...).*

..

***Com efeito**, esta ação tem como pretensão única e exclusiva a responsabilização por danos individuais sofridos por 1.500 ex-empregados da Reclamante que firmaram instrumento particular de transação (IPT). O trânsito em julgado dessa demanda ocorreu em 25.9.2013.*

***A abrangência restrita desta ação** — que a caracteriza como ação civil coletiva — pode ser aferida tanto pela redação dos pedidos vertidos pelo MPE/SP, quanto pelos argumentos apresentados pela defesa da Reclamante naquela ação civil coletiva.*

***Para facilitar a cognição desse Tribunal**, reproduzem-se, por amostragem, os pedidos de pensão vitalícia (individuais), formulados pelo MPE/SP, para os trabalhadores enquadrados na 'Classe-I' do malsinado instrumento particular de transação (IPT) (...). Pois bem, consta do pedido da ação civil coletiva:*

2.1) ao pagamento de indenização por danos patrimoniais, a ser fixada em valores não inferiores a: *a)* ½ salário mínimo vigente, mensal e vitalício, independente do ressarcimento das despesas por ventura realizadas, tratamentos e outros gastos devidamente comprovados, para todos os seus trabalhadores e ex-trabalhadores, que demonstrem por meio de exames médicos hábeis, serem portadores de doença relacionada ao asbesto, Classe I, sem prejuízo de reclassificação na hipótese de comprovada evolução da doença.

À obviedade, os pedidos são de exclusiva natureza individual homogênea, pois ali se cumulam pedidos relativos à indenização por danos morais individuais e inscrição em plano de saúde, os quais não correspondem a interesses a pretensões coletivas em sentido estrito ou mesmo difusas (Lei n. 8.078, art. 81, incisos I e II). Em sua contestação, a empresa ETERNIT arguiu a ilegitimidade ativa do MPE/SP, sustentando que os direitos individuais tutelados naquela relação processual pretérita sequer se conformariam ao padrão de direitos individuais homogêneos, caracterizando-os, para ela, como direitos particulares e renunciáveis.

A ação manejada pelo MPT, por outro lado, é um instrumento com assento constitucional no art. 129, inciso III. No plano infraconstitucional, os interesses tuteláveis no âmbito da ação civil pública trabalhista, recebem densidade normativa no art. 83, inciso III, da LOMPU, que legitima, de forma autônoma, o MPT a promover a ação civil pública no âmbito da Justiça do Trabalho, para defesa de interesses coletivos, quando desrespeitados os direitos sociais constitucionalmente garantidos.

Ora, o catálogo dos pedidos formulados pelo MPT na ação civil pública 2106-72.2013.5.02.0009 contém uma plêiade de requerimentos transindividuais de natureza indivisível titularizados por pessoas indeterminadas ou por grupo de pessoas vinculadas à impetrante pelas obrigações pós-contratuais de controle médico fixadas pela NR 15 e pela convenção coletiva da qual a impetrante é signatária.

Portanto, no caso concreto, os pedidos do MPT jamais perecerão em face dos efeitos processuais da imutabilidade *da coisa julgada em ação civil coletiva do MPE/SP, haja vista as pretensões vertidas pelo MPT terem natureza coletiva 'stricto sensu' e natureza difusa (...).*

....

Todas essas pretensões vertidas na ação civil pública do MPT não encontram, *em nenhuma hipótese, semelhança, quanto mais identidade, com a ação civil coletiva proposta em 2004 pelo MPE/SP."* **(grifei)**

A Associação Brasileira dos Expostos ao Amianto — ABREA, por sua vez, **também** sustentou a inocorrência de identidade **entre** a ação civil pública **promovida** por essa entidade associativa **e aquela**, de iniciativa do Ministério Público paulista, que foi objeto da decisão **proferida no RE 542.231/SP**, cuja autoridade **teria** sido alegadamente transgredida pela magistrada do Trabalho de primeiro grau:

"**III. C) INOCORRÊNCIA DE OFENSA À AUTORIDADE DE DECISÃO PROFERIDA POR ESSE EGRÉGIO STF. INEXISTÊNCIA DA TRÍPLICE IDENTIDADE (PARTES, OBJETO E CAUSA DE PEDIR) DAS AÇÕES.**

....

(...) **ao contrário do que alega a Reclamante**, *não há identidade entre a ação civil pública originária (n. 4.043728-0), que tramitou perante a Justiça Estadual, e os novos processos movidos pelo MPT e pela ABREA, pelo que não cabe falar em desrespeito à autoridade da decisão proferida por esse Egrégio Supremo Tribunal Federal nos autos do RE n. 542.231.*

22. A análise do RE n. 542.231 *demonstra claramente que o processo a que se refere não contém suficientes elementos para impedir a incidência das normas de distribuição da competência descritas na Constituição, devendo ser processado e julgado na Justiça Laboral, uma vez que ausente a tríplice identidade prevista no art. 301, § 2º, do CPC, situação que, ademais, afasta a alegada ofensa à coisa julgada e à segurança jurídica.*

....

24. Não há como igualar, portanto, os objetos das referidas ações, em face da evidente distinção entre os escopos e as abrangências de seus pedidos, como demonstra a simples leitura do quadro acima. A bem da verdade, as novas ações civis públicas não apenas trazem pedidos absolutamente novos como mais amplos em relação aos anteriores, a exigir fundamentação e causa de pedir absolutamente diversas.

25. De igual maneira, a leitura dos pedidos da ACP n. 0002106-72.2013.5.2.0009, proposta pelo Ministério Público do Trabalho, tampouco se confunde com a ação outrora intentada pelo Ministério Público Estadual, pois busca promover direitos e interesses difusos e coletivos ao requerer:

*— **a disponibilização dos exames de monitoramento e diagnósticos de agravos e adoecimentos relacionados à exposição ocupacional ao amianto**, que deverão ser realizados na periodicidade prevista no anexo 12 da NR-15, sob pena de aplicação de multa cominatória;*

*— **a ampliação do rol de exames médicos de controle de todos os ex-empregados**, para que passem a ser incluídos neoplasia maligna de estômago, neoplasia maligna da laringe, mesotelioma do peritônio e mesotelioma do pericárdio, doenças com forte vínculo com a exposição ocupacional às fibras de amianto;*

*— **a adoção de diversas medidas para promover o monitoramento médico dos ex-trabalhadores**;*

*— **a disponibilização dos dados cadastrais, prontuários médicos e exames complementares relativos a ex-empregados**, que estejam em seu poder, para as Unidades do Centro de Referência em Saúde do Trabalhador — CEREST e para a FUNDACENTRO, a fim controle epidemiológico das doenças e agravos decorrentes da exposição ocupacional ao amianto;*

*— **o custeio das despesas com assistência integral à saúde dos ex-trabalhadores que não estejam inscritos em plano de saúde custeado pela Eternit**; e*

*— **a reparação do dano moral coletivo**.*

26. Logo, *o cotejo dos pedidos das ações civis públicas conduz à inescapável conclusão de que não há, 'in casu', qualquer ilegalidade em sua apreciação pela Justiça do Trabalho, não havendo justificativa para a aplicação, às ações civis propostas em 2013, a decisão proferida no RE n. 542.231.*

*27. **Evidente**, portanto, que a decisão proferida pelo Excelentíssimo Ministro Celso de Mello no bojo da Ação Civil Pública n. 04.043728-0, no sentido de determinar a remessa do referido processo à Justiça Estadual, não visou alcançar futuros processos contra a empresa reclamante, ainda mais se inexistente a tríplice identidade de partes, objeto e causa de pedir, conforme se demonstrou no presente tópico, a justificar a permanência do trâmite das ações civis públicas de ns. 0002106-72.2013.5.2.0009 e 0002715--55.2013.5.02.0009, perante a MM. 9ª Vara do Trabalho — cuja competência material para o caso, repita-se, foi fixada por essa Suprema Corte." (**grifei**)*

Assinalo que a pretensão cautelar **deduzida** nestes autos foi acolhida, **motivo** pelo qual a Associação Brasileira dos Expostos ao Amianto — ABREA **interpôs** o pertinente recurso de agravo.

O Ministério Público Federal, **em manifestação** da lavra do eminente Senhor Procurador-Geral da República, Dr. RODRIGO JANOT MONTEIRO DE BARROS, **ao opinar pela improcedência** da presente reclamação, **formulou parecer** que está assim ementado:

"**Reclamação. Alegação de descumprimento** da decisão do Supremo Tribunal Federal proferida em recurso extraordinário. **Coisa julgada. Inocorrência. Possibilidade de renovação de ação civil pública** julgada improcedente por insuficiência de provas. **Alegada prevenção** da justiça comum estadual de São Paulo **não** configurada. **Primeiro feito já sentenciado** quando da propositura das demais ações coletivas. **Parecer pelo provimento do agravo e improcedência da reclamação**." (**grifei**)

*Assentadas tais premissas, **passo a examinar** a pretensão reclamatória deduzida **na presente** sede processual. **E**, ao fazê-lo, **entendo que o exame dos fundamentos** expostos na presente causa **e a análise** dos elementos de informação **produzidos** pela Procuradoria Regional do Trabalho da 2ª Região **e** pela Associação Brasileira dos Expostos ao Amianto — ABREA, **a que também se associam** outros dados informativos, **inexistentes**por ocasião do exercício da jurisdição cautelar, **levam-me a reconhecer a inexistência**, na espécie, **de situação caracterizadora de desrespeito** à autoridade da decisão proferida pelo Supremo Tribunal Federal no julgamento **do RE 542.231/SP**.*

***É que a apreciação** dos elementos que compõem a "ratio decidendi" **subjacente** ao acórdão proferido **nos autos da Apelação** n. 992.05.038503-7 **revela** que o E. Tribunal de Justiça do Estado de São Paulo, **ao dar** provimento ao recurso **deduzido** pela ora reclamante, **julgou improcedente** a ação civil **ajuizada** pelo Ministério Público local, **apoiando-se**, para tanto, **no reconhecimento** de que as provas **então** produzidas não se mostravam suficiente s para justificar **a formulação**, naquela oportunidade, de juízo condenatório, **valendo transcrever**, por oportuno, **o seguinte fragmento** de referido julgado:*

> *"(...) **A averiguação da culpa** da ré ETERNIT **deve ter em conta a exposição acima dos limites previstos no Anexo** n. 12 da NR 15. **Ocorre que**, no caso dos autos, **o autor sequer narra os fatos** tendo em conta tal aspecto.*
>
> *..*
>
> *E, em se tratando de responsabilidade civil por ato ilícito, **faz-senecessária a caracterização do elemento subjetivo culpa que,ausente no caso dos autos (mais uma vez, repita-se,considerada** a generalidade do provimento jurisdicional feito na açãocivil pública, **o que não afasta eventual apuração em ação individual tendo-se em conta condições específicas às quais foram submetidas o empregado que vier a buscar provimento jurisdicional), conduz ao acolhimento do apelo da ré ETERNIT e à consequente improcedência** da ação civil pública, **prejudicado***

o exame dos recursos interpostos pelo Ministério Público **e** pelos assistentes litisconsorciais." **(grifei)**

Vê-se, desse modo, **que a leitura** do acórdão **emanado** do E. Tribunal de Justiça paulista **permite nele identificar** que a declaração de improcedência de referida ação civil **deu-se** "por insuficiência de provas", **o que faz incidir**, na espécie, a norma **inscrita** no art. 16, segunda parte, **da Lei** n. 7.347/85.

Esse dado — cabe enfatizar — **assume** relevo processual indiscutível, **pois a norma legal** em questão **(que reproduz**, em seu conteúdo material, a **mesma** regra já veiculada **no art.** 18 da Lei n. 4.717/65) **autoriza**, na hipótese excepcional de a declaração de improcedência **ocorrer** por deficiência **ou** por insuficiência de elementos probatórios — **tratando-se** de processos coletivos **em que se busque** a tutela jurisdicional de direitos **ou** de interesses metaindividuais — **que se intente** "outra ação com idêntico fundamento", **desde** que o autor — que poderá ser, até mesmo, pessoa **ou** instituição **diversa** daquela que ajuizou **anterior** ação civil pública — **ache-se investido**, também ele, de legitimação ativa "ad causam" para a instauração de **nova** demanda coletiva.

É por tal motivo que não vejo como acolher o pedido **formulado** pela parte reclamante, **por entender descaracterizada** a alegada transgressão à autoridade do julgamento **invocado**, no caso, como parâmetro de confronto, **considerada** a configuração, na espécie, **da denominada** coisa julgada "secundum eventum probationis", que **não** impede — **cuidando-se** de processos de perfil coletivo **instaurados** para a proteção de direitos **e** de interesses transindividuais — o ajuizamento **de nova** demanda, **ainda** que presentes, quanto a ela, **os mesmos** elementos individualizadores da ação (partes, causa de pedir **e** objeto da ação), **tais como** os define o magistério da doutrina (JOSÉ FREDERICO MARQUES, **"Manual de Direito Processual Civil"**, vol. I/294-299, itens ns. 132 **a** 136, 2ª ed., 1998, Millennium, v.g.).

Não constitui demasia acentuar, como já anteriormente assinalado **nesta** decisão, que a sentença civil **proferida** no âmbito de ação civil pública **não fará** coisa julgada **em sentido material**, "se o pedido foi julgado improcedente por insuficiência *de provas, hipótese em que qualquer legitimado poderá intentar outra ação com idêntico fundamento, valendo-se de nova prova"* (**Lei n. 7.347/85**, art. 16, segunda parte).

Esse também é o entendimento manifestado por **expressivo** magistério doutrinário, **na linha** de que não se reveste da autoridade da "res judicata" **em sentido material** a sentença que, **em sede** de ação civil de índole coletiva, **inclusive** a ação civil pública, **tenha julgado improcedente** a demanda por insuficiência ou ausência de provas, **deixando de acolher**, em face de referida circunstância, pedido de indenização **motivado** pela suposta existência de danos alegadamente causados a interesses difusos **e/ou** coletivos (ADA PELLEGRINI GRINOVER, **"Coisa Julgada e Terceiros"**, "in" "Direito Civil e Processo — Estudos em Homenagem ao Professor Arruda Alvim", p. 637/641, 2008, RT; HELY LOPES MEIRELLES, ARNOLDO WALD e GILMAR FERREIRA MENDES, **"Mandado de Segurança e Ações Constitucionais"**, p. 244/246, item n. 4, 35ª ed., 2013, Malheiros; FREDIE DIDIER JR. e HERMES ZANETI JR., **"Curso de Direito Processual Civil — Processo Coletivo"**, vol. 4/370-372, item n. 4, 5ª ed., 2010, JusPodivm; HUMBERTO THEODORO JÚNIOR, **"Curso de Direito Processual Civil"**, vol. III/533-534, item n. 1.688, 45ª ed., 2013, Forense,v.g.), **valendo reproduzir**, por inteiramente pertinente ao caso, **a lição** de JOSÉ DOS SANTOS CARVALHO FILHO ("**Ação Civil Pública**", p. 457, item n. 8, 4ª ed., 2004, Lumen Juris):

> "**O princípio da renovabilidade** vai alcançar **somente** as sentenças **que tenham julgado improcedente** o pedido **por insuficiência da prova**. *Nesse caso*, a coisa julgada se fará apenas 'inter partes', **porque qualquer legitimado poderá intentar outra ação com idêntico fundamento**, como diz a lei, **valendo-se de novas provas. Assinale-se** que a lei se refere a 'qualquer legitimado'; **sendo assim, tanto o autor da ação (que produziu** prova insuficiente), **como os demais legitimados** pelo art. 5º da lei **podem ajuizar nova ação**, invocando **o mesmo** fundamento. Na **nova** ação, **não poderá o réu argüir a exceção de coisa julgada**, porque a definição no processo anterior **produziu apenas coisa julgada formal**, ou seja, pôs fim àquele processo. **Na reno-**

*vação, o autor **não se encontra alcançado** pela 'res iudicata' **material**, razão por que **pode promover** a ação com base **no mesmo** fundamento da ação anterior." (**grifei**)*

Daí a inteira procedência das razões **invocadas** pela ABREA **na manifestação** que produziu **nestes** autos:

"**IV.A) IMPROCEDÊNCIA DA AÇÃO CIVIL PÚBLICA N. 04.043728-0 POR INSUFICIÊNCIA DE PROVAS . INCIDÊNCIA DO ART. 16 DA LEI N. 7.347/85.**

....

(...) *o acórdão proferido pela Seção de Direito Privado do Egrégio Tribunal de Justiça do Estado de São Paulo, nos autos da Apelação n. 992.05.038503-7, firmou-se na premissa de não ter havido a comprovação, por parte do Ministério Público do Estado de São Paulo, de que a Eternit teria infringido disposições legais acerca dos limites de exposição de seus trabalhadores ao amianto, nos termos da Lei Federal n. 9.055/95.*

*33. **Vejam-se**, a propósito, trechos da ementa e das razões de decidir do acórdão da Justiça Estadual que atestam essa circunstância:*

*(...) **Aferição de culpa que deve ter em conta a observância**, ou não, pela ré do limite de tolerância para fibras respiráveis de asbesto crisotila instituídos por Norma Regulamentadora. Desobediência a referido limite sequer atribuído à ré na petição inicial (...).*

*(...) **Daí porque**, patente o nexo de causalidade entre a exposição do ser humano às fibras respiráveis do amianto branco e, segundo a unânime comunidade científica, os danos inquestionáveis que dela decorrem — conclusão que, é preciso observar, somente se faz possível diante da generalidade do provimento jurisdicional feito na ação civil pública —, a averiguação da culpa da ré ETERNIT deve ter em conta a exposição acima dos limites previstos no Anexo n. 12 da NR 15. Ocorre que, no caso dos autos, o autor sequer narra os fatos tendo em conta tal aspecto (...).*

34. Percebe-se, portanto, que a conclusão de inexistência de culpa por parte da Eternit alcançada pelo Colendo Tribunal de Justiça do Estado de São Paulo **decorreu da insuficiência de provas** quanto à exposição dos trabalhadores a níveis superiores aos estabelecidos na norma regulamentadora como toleráveis quanto às fibras de amianto.

*35. **Tais fundamentos do acórdão não foram modificados pelas decisões proferidas pelo Colendo STJ no AREsp n. 231.116/SP**, que se limitaram a examinar o conhecimento dos recursos especiais interpostos pelo MP paulista e pela ABREA.*

*Ao contrário: foram reforçados, uma vez que, entre os fundamentos adotados pelo STJ, apontou-se a impossibilidade de revolvimento de fatos e provas (incidência da Súmula n. 7/STJ), uma vez que o Egrégio Tribunal de Justiça do Estado de São Paulo afastou a responsabilidade da Eternit com base na prova (ausência de) dos autos." (**grifei**)*

Sendo assim, pelas razões expostas **e acolhendo**, ainda, **o parecer** da douta Procuradoria-Geral da República, **cujos fundamentos adoto** como razão de decidir, **valendo-me**, para tanto, **da técnica** da motivação "per relationem" (**AI** 825.520-AgR-ED/SP — **ARE** 791.637-AgR/DF — **HC** 85.338/SP, v.g.), **julgo improcedente** a presente reclamação, **tornando sem efeito** o provimento liminar **anteriormente** deferido, **inviabilizando-se**, em consequência, **o exame** do recurso de agravo interposto **nesta** sede processual.

Comunique-se, com urgência, **transmitindo-se cópia** da presente decisão ao E. Tribunal Regional do Trabalho da 2ª Região (**MS** n. 1001567-19.2013.5.02.0000), à Senhora Juíza da 9ª Vara do Trabalho de São Paulo/SP (**Ação Civil Pública** n. 0002106-72.2013.5.02.0009 **e Ação Civil Pública** n. 0002715-55.2013.5.02.0009) **e** ao eminente Senhor Procurador-Geral do Trabalho (**Ação Civil Pública** n. 0002106-72.2013.5.02.0009).

Arquivem-se os presentes autos.

Publique-se.[3]

---

[3] Disponível em: <http://www.stf.jus.br/portal/processo/verProcessoAndamento.asp?incidente=4487412>. Acesso em: 28 dez. 2014

8. POLICIAL X ADVOGADO[1]. PROIBIÇÃO DE EXERCÍCIO SIMULTÂNEO

Qualquer pessoa que exerça atividade de policial, ainda que bacharel em Direito, não pode ser advogado. O exercício da advocacia é incompatível com essa atividade. Assim ficou decidido na ADIn 3.541-DF[2], de 12.2.2014, relatada pelo Min. Dias Toffoli, interpretando o art. 28, V, da Lei n. 8.906/94, que não viola a Constituição de 1988.

A ementa do julgado é a seguinte:

Ação direta de inconstitucionalidade. Exercício da advocacia. Servidores policiais. Incompatibilidade. Artigo 28, inciso V, da Lei n. 8.906/94. Ausência de ofensa ao princípio da isonomia. Improcedência da ação.

1. A vedação do exercício da atividade de advocacia por aqueles que desempenham, direta ou indiretamente, serviço de caráter policial, prevista no art. 28, inciso V, da Lei n. 8.906/94, não se presta para fazer qualquer distinção qualificativa entre a atividade policial e a advocacia. Cada qual presta serviços imensamente relevantes no âmbito social, havendo, inclusive, previsão expressa na Carta Magna a respeito dessas atividades. O que pretendeu o legislador foi estabelecer cláusula de incompatibilidade de exercício simultâneo das referidas atividades, por entendê-lo prejudicial ao cumprimento das respectivas funções.

2. Referido óbice não é inovação trazida pela Lei n. 8.906/94, pois já constava expressamente no anterior Estatuto da Ordem dos Advogados do Brasil, Lei n. 4.215/63 (art. 84, XII). Elegeu-se

---

[1] Sobre relação de emprego de policial militar, v., nesta coletânea, v. 9, p. 20.

[2] ADIn 3.541-DF, de 12.2.2014 (COBRAPOL — Confederação Brasileira de Trabalhadores Policiais Civis. Intdo.(a/s) :Presidente da República e Congresso Nacional. *Am. Curiae*: Conselho Federal da Ordem dos Advogados do Brasil — CFOAB). Rel.: Min. Dias Toffoli.

critério de diferenciação compatível com o princípio constitucional da isonomia, ante as peculiaridades inerentes ao exercício da profissão de advogado e das atividades policiais de qualquer natureza.

3. Ação julgada improcedente. [3]

---

[3] Disponível em: <http://www.stf.jus.br/portal/processo/verProcessoAndamento.asp?incidente=2311338>. Acesso em: 19 jan. 2014.

9. SALÁRIO MÍNIMO X SALÁRIO BASE. IMPOSSIBILIDADE DE VINCULAÇAO[1]

Em decisão monocrática, o Min. Luiz Fuz, apreciando a RCL 15.024-RN[2], a 13.5.2014, entendeu tratar-se deviolação à Sumula Vinculante n. 4 vincular salário-base profissional ao salário mínimo, com base em acordo judicial.

A ementa do decisório é:

> RECLAMAÇÃO. DIREITO CONSTITUCIONAL. SÚMULA VINCULANTE N. 4 DO STF. SALÁRIO BASE DE ENGENHEIROS E ARQUITETOS MUNICIPAIS. VINCULAÇÃO AO SALÁRIO MÍNIMO PREVISTA EM ACORDO JUDICIAL FIRMADO ENTRE OS SERVIDORES E O MUNICÍPIO DE NATAL/RN HOMOLOGADA PELA JUSTIÇA DO TRABALHO. IMPOSSIBILIDADE. RECLAMAÇÃO JULGADA PROCEDENTE.
>
> 1. O acordo judicial firmado entre servidores e o município de Natal que vincula o salário-base da respectiva categoria ao salário vulnera o enunciado da súmula vinculante n. 4 desta Suprema Corte, ainda que homologado pela Justiça do Trabalho.
>
> 2. A superveniência de lei local, alterando a base de cálculo dos vencimentos-base dos servidores, sem indexá-lo ao salário mínimo, não contraria o postulado da segurança jurídica, porquanto é pacífica a jurisprudência da Corte no sentido de que inexiste direito adquirido a regime jurídico.
>
> 3. Reclamação julgada procedente.[3]

---

[1] V., a respeito, nesta coletânea, v. 4, p. 34, 35 e 37, e v. 12, p. 17.

[2] RCL n. 15.024-RN, de 1.5.2014 (Município de Natal vs. Tribunal de Justiça do Estado do Rio Grande do Norte. Intdo.(a/s) :Francisca Fátima de Oliveira Andrade e outro(a/s), Rel.: Min. Luiz Fux.

[3] Disponível em: <http://www.stf.jus.br/portal/processo/verProcessoAndamento.asp?incidente=4341933>. Acesso em: 14 jan. 2015.

10. TERCEIRIZAÇÃO[1]

10.1. ATIVIDADE-FIM. CONCEITO

Foi dada repercussão geral ao tema referente à fixação de parâmetros para a identificação do que representa a atividade-fim de um empreendimento, com vistas à possibilidade de terceirização. Trata-se do ARE 713.211-MG[2], de 15.5.2014, sendo relator o Min. Luiz Fux, que destacou a existência de milhares de contratos de terceirização de mão de obra que possuem dúvidas quanto à sua licitude, daí o debate sobre o tema.

A ementa é a seguinte:

> *Recurso extraordinário com agravo. Administrativo. Ação civil pública. Possibilidade de Terceirização e sua ilicitude. Controvérsia sobre a Liberdade de terceirização. Fixação de parâmetros Para a identificação do que representa atividade-fim. Possibilidade. Repercussão geral reconhecida.*[3]

10.2. CALL CENTER. EMPRESA DE TELEFONIA

Tema polêmico é o da terceirização de *call center* pelas empresas de telefonia. Na RCL 10.132-PR[4], de 5.5.2014, o Min. Gilmar Mendes

---

[1] V., sobre terceirização, nesta coletânea, v.15, p. 47, v. 16, p. 39, 45 e 50, e v. 17, p. 65.

[2] ARE 713.211-MG, de 15.5.2014 (Celulose Nipo Brasileira S/A — CENIBRA vs. Ministério Público do Trabalho e Sindicato dos Trabalhadores nas Indústrias Extrativas de Guanhães e Região — SITIEXTRA). Relator: Min. Luiz Fux.

[3] Disponível em: <http://www.stf.jus.br/portal/processo/verProcessoAndamento.asp?incidente=4304602>. Acesso em: 14 jan. 2015.

[4] RCL 10.132-PR, de 5.5.2014 (Vivo S.A., Assist(s): Sindicato Nacional das Empresas Operadoras de Televisão por Assinatura e de Serviço de Acesso Condicionado — SETA, Associação Brasileira de Telesserviços — ABT, Intdo.(a/s): Federação Brasileira de Telecomunicações — FEBRATEL vs. Tribunal Superior do Trabalho. Intdo.(a/s): Federação

cassou decisão do TST a fim de que fosse a previa do pelo Plenário daquele Corte Superior a possibilidade de afastara aplicabilidade do art. 94, II, da Lei n. 9.472/97, que é a *Lei Geral das Telecomunicações*, que admite a terceirização em atividades inerentes, acessórias ou complementares do serviço. Mandou o relator que fosse observada a reserva de plenário de que cuida a Sumula Vinculante n. 10 e nova decisão fosse proferida. O *decisum* é o seguinte:

> *Trata-se de reclamação constitucional, com pedido de medida liminar, ajuizada por Vivo S/A Empresa de Telecomunicações contra ato da Terceira Turma do Tribunal Superior do Trabalho que, nos autos do Recurso de Revista n. 6749/2007-663-09-00, teria descumprido a Súmula Vinculante 10 do Supremo Tribunal Federal, ao afastar a aplicabilidade de dispositivo no art. 94, II, da Lei 9.472/1997.*
>
> *Referido dispositivo estabelece que a concessionária de serviço de telecomunicações poderá contratar com terceiros o desenvolvimento de atividades inerentes, acessórias ou complementares ao serviço, bem como a implementação de projetos associados, desde que observadas as condições e os limites estabelecidos pela agência reguladora.*
>
> *Na reclamação, alega-se que a decisão atacada foi proferida por órgão fracionário do Tribunal Superior do Trabalho e afastou a incidência do referido dispositivo, fundamentando-se no Enunciado 331, III, daquela Corte, em decisão assim ementada, no que interessa:*
>
> > *"EMPRESA DE TELECOMUNICAÇÃO. TERCEIRIZAÇÃO DE ATIVIDADE-FIM — IMPOSSIBILIDADE. O § 1º do art. 25 da Lei n. 8.987/95, bem como o inciso II do art. 94 da Lei n. 9.472/97 autorizam as empresas de telecomunicações a terceirizar as atividades-meio, não se enquadrando em tal categoria os atendentes do sistema call center, eis que aproveitados em atividade essencial para o funcionamento das empresas. Recurso de revista conhecido e desprovido".*

Interestadual dos Trabalhadores em Telecomunicações — FITTEL, Mobitel S/A, Bruno Alfieri Messias e Staff Recursos Humanos Ltda). Relator: Min. Gilmar Mendes.

Assim, alega-se que houve descumprimento da Súmula Vinculante 10 desta Corte, segundo a qual viola a cláusula de reserva de plenário a decisão de órgão fracionário que, embora não declare expressamente ainconstitucionalidade de lei ou ato normativo do Poder Público, afasta sua incidência, no todo ou em parte.

Em 9.11.2010, deferi o pedido de medida cautelar, por verificar a possibilidade de contradição entre a Súmula 331, III, do TST, a qual limita a possibilidade de terceirização à atividade-meio das empresas de telecomunicações, e o art. 94, II, da Lei n. 9.472/1997, o qual permite a contratação com terceiros para o desenvolvimento de atividades inerentes, acessórias ou complementares.

O Ministério Público manifestou-se pela improcedência da ação, ao fundamento de que o Tribunal Superior do Trabalho apenas procedeu à adequada interpretação da legislação federal e afastou a aplicação da norma justificadamente. (eDOC 71)

A Federação Interestadual dos Trabalhadores em Telecomunicações (FITTEL), a Federação Brasileira de Telecomunicações (FEBRATEL), o Sindicato Nacional das Empresas Operadoras de Televisão por Assinatura e Acesso Condicionado (SETA) e a Associação Brasileira de Telesserviços (ABT) foram admitidos na qualidade de assistentes simples.

É o relatório.

Decido.

A questão posta na presente reclamação diz respeito à observância da Súmula Vinculante 10 desta Corte pela decisão do Tribunal Superior do Trabalho que procedeu ao afastamento da incidência do art. 94, II, da Lei 9.472/1997, em relação às atividades de Call Center da empresa reclamante.

Referida lei dispõe sobre a organização dos serviços de telecomunicações, e o mencionado dispositivo permite à concessionária do serviço contratar com terceiros o desenvolvimento de atividades inerentes, acessórias ou complementares, bem como a implementação de projetos associados, desde que observadas as condições e os limites estabelecidos pela agência reguladora.

Com fundamento nessa norma, a empresa VIVO S/A, ora reclamante, optou pela contratação de empresa interposta para a prestação do serviço de Call Center.

Ocorre que o Tribunal Superior do Trabalho reconheceu o vínculo empregatício direto entre o autor da reclamação trabalhista e a empresa VIVO S.A., ao fundamento de que o serviço de Call Center representa atividade-fim da empresa de telecomunicações, razão pela qual não pode ser objeto de terceirização, a teor da Súmula n. 331, III, do TST.

O voto condutor do acórdão reclamado expressamente assentou o seguinte:

"(...) Portanto, ao contrário do que sustenta a Parte, a atividade de atendimento telefônico prestado aos consumidores (sistema call center) está ligada à sua atividade-fim, sendo vedada a terceirização, sob pena de se permitir que empresa do ramo de telecomunicações funcione sem a presença de empregados, mas apenas prestadores de serviços, implicando em evidente precarização dos direitos dos trabalhadores, em confronto com os princípios constitucionais da dignidade da pessoa humana e da busca do pleno emprego, previstos nos arts. 1º, III e 170, VIII, da Carta Magna, respectivamente, e com o objetivo fundamental da República Federativa do Brasil de erradicar a pobreza e a marginalização e redução das desigualdades sociais e regionais, insculpido no item III do art. 3º da Constituição Federal."

Entendeu o TST que as concessionárias de telefonia, não obstante a previsão do art. 94, II, da Lei 9.472/97, não poderiam contratar com terceiros o desenvolvimento de atividades-fim, já que tal exegese confrontaria com o texto da Súmula 331/TST, sob pena de incorrer em terceirização ilícita.

A decisão é clara ao afastar a aplicação do art. 94, II, da Lei 9.472/97, ao fundamento de que essa regra não permite contratar com terceiros o desenvolvimento de atividades-fim, sob pena de afrontar objetivos tutelares e redistributivos que caracterizaram a legislação trabalhista.

Aduz, contudo, o TST que a decisão em questão não violaria o disposto no art. 97 da Constituição Federal, tampouco a Súmula Vinculante 10 do Supremo Tribunal Federal, tendo em vista que se estaria apenas interpretando dispositivo legal (art. 94, II, da Lei 9.472/97) à luz da jurisprudência sumulada daquela Corte.

Posta a questão nesses termos, verifica-se que o cerne da controvérsia está em definir se houve, de fato, afronta à reserva de Plenário, no tocante ao afastamento do disposto no art. 94, II, da Lei 9.472/97, lei que dispõe sobre a organização dos serviços de telecomunicação no Brasil.

Dispõe a referida lei:

"Art. 94. No cumprimento de seus deveres, a concessionária poderá, observadas as condições e limites estabelecidos pela Agência:

[...] II — contratar com terceiros o desenvolvimento de atividades inerentes, acessórias ou complementares ao serviço, bem como a implementação de projetos associados".

Ora, o teor da regra em questão não parece deixar dúvidas quanto à violação do art. 97 da Constituição Federal, bem como à orientação assentada na Súmula Vinculante n. 10 do Supremo Tribunal Federal.

Ao reconhecer a ilicitude da terceirização para a atividade de call center, o Tribunal claramente afastou a aplicação do art. 94, II, da Lei 9.472/97, sem, contudo, observar a cláusula de reserva de plenário, prevista no art. 97 da Constituição Federal de 1988.

O art. 97 da Constituição estabelece que, somente pelo voto da maioria absoluta de seus membros ou dos membros do respectivo órgão especial, poderão os tribunais declarar a inconstitucionalidade de lei ou ato normativo do Poder Público.

É certo que, no caso em tela, não se constata expressa declaração de inconstitucionalidade, a implicar violação frontal e direta da cláusula de reserva de plenário. Não obstante, a exigência do art. 97 deve ser observada não apenas nos casos em que há declaração expressa, mas também se o Tribunal afasta a aplicação de norma jurídica ou adota interpretação capaz de esvaziar ou adulterar por completo o programa normativo.

Também nessas hipóteses tem-se, ainda que por via oblíqua, inequívoca declaração de inconstitucionalidade e, por isso, afigura-se obrigatória a observância do disposto no art. 97 da Constituição Federal.

É essa, aliás, a interpretação assentada na Súmula Vinculante n. 10, assim redigida:

> "VIOLA A CLÁUSULA DE RESERVA DE PLENÁRIO (CF ART. 97) A DECISÃO DE ÓRGÃO FRACIONÁRIO DE TRIBUNAL QUE, EMBORA NÃO DECLARE EXPRESSAMENTE A INCONSTITUCIONALIDADE DE LEI OU ATO NORMATIVO DO PODER PÚBLICO, AFASTA SUA INCIDÊNCIA, NO TODO OU EM PARTE".

É precisamente essa a hipótese dos autos. O Tribunal Superior do Trabalho não afirmou de maneira categórica e expressa a inconstitucionalidade do art. 94, II, da Lei 9.472/97, mas a interpretação que conferiu à norma afastou sua aplicação no caso concreto e, em grande medida, esvaziou de todo o conteúdo da disposição em exame.

De fato, ao afastar a terceirização da atividade de call center por parte das empresas de telecomunicação, por entendê-las compreendidas no conceito de atividade-fim, o Tribunal de origem acaba por negar vigência ao disposto no art. 94, II, da Lei 9.472/97, que expressamente as autoriza a contratar com terceiros o desenvolvimento de atividades inerentes, acessórias ou complementares ao serviço.

Assim, resta caracterizada a situação de não observância do art. 97 da Constituição e da Súmula Vinculante 10 do STF.

Ante o exposto, julgo procedente a presente reclamação, para cassar a decisão do Tribunal Superior do Trabalho proferida nos autos do Recurso de Revista n. 6749/2007-663-09-00 e determinar que outra seja proferida em seu lugar, com observância do princípio da reserva de plenário.

Comunique-se à Assessoria do Plenário para retirada do feito da pauta.

Publique-se.[5]

Ademais, foi reconhecida, a 5.6.2014, repercussão geral no ARE 791.932-DF [6], relatado pelo Min. Teori Zavascki, acerca da licitude de terceirização de *call center* em empresas de telefonia. O noticiário a respeito é o seguinte:

O Supremo Tribunal Federal, por meio de seu Plenário Virtual, reconheceu por unanimidade a repercussão geral da matéria discutida no Recurso Extraordinário com Agravo (ARE) 791932, que trata da possibilidade de terceirização de callcenter de empresas de telefonia. os ministros seguiram a manifestação do relator do ARE, ministro Teori Zavascki, no sentido de que a matéria transcende os limites subjetivos da causa, pois a questão está reproduzida em inúmeras demandas, muitas delas já em fase de recurso no STF.

O agravo teve origem como reclamação trabalhista ajuizada por uma atendente contratada pela Contax S/A, prestadora de serviços de callcenter, para atuar na Telemar Norte Leste S/A. O Tribunal Superior do Trabalho entendeu que a decisão que considerou ilícita a terceirização está de acordo com a Súmula 331 daquela Corte. Para o TST, não é legítima a terceirização dos serviços de callcenter pelas empresas de telecomunicações, por se tratar de atividade-fim. Assim, a Contax foi condenada, solidariamente com a Telemar, a pagar à atendente os benefícios garantidos pelas normas coletivas aos empregados da empresa de telefonia.

No recurso extraordinário, a Contax afirma que o TST deixou de aplicar o artigo 94, inciso II, da Lei 9.472/1997 (Lei Geral das Telecomunicações), que permite a terceirização de "atividades inerentes, acessórias ou complementares ao serviço", sem declarar, em plenário, sua inconstitucionalidade. A decisão, portanto, violaria a Súmula Vinculante 10 do STF e o princípio da reserva de

---

[5] Disponível em: <http://www.stf.jus.br/portal/processo/verProcessoAndamento.asp?incidente=3882085>. Acesso em: 15 jan. 2015.

[6] ARE 791.932-DF, de 15.5.2014 (Contax S/A *vs.* Tatiane Meire da Silva e Telemar Norte Leste S/A). Relator :Min. Teori Zavascki.

plenário (artigo 97 da Constituição da República). O recurso, porém, não foi admitido pelo TST, para o qual não houve declaração de inconstitucionalidade de dispositivo de lei, apenas interpretação sistemática das normas pertinentes à matéria.

O processo veio ao STF quando o ministro Teori Zavascki julgou procedente a Reclamação (RCL) 16636 da Contax e determinou a remessa dos autos, depois que o TST negou trâmite ao recurso. O relator conheceu do recurso (julgou cabível) em razão da alegada ofensa ao artigo 97 da Constituição.

"Realmente, a questão constitucional mais enfatizada no recurso extraordinário é a da ofensa ao princípio da reserva de plenário, previsto no artigo 97 da Constituição e na Súmula Vinculante 10", afirmou o ministro. "Como se vê, a questão possui repercussão geral do ponto de vista jurídico, já que envolve a declaração ou não de inconstitucionalidade do artigo 94, inciso II, da Lei 9.472/97".[7]

---

[7] Disponível em: <http://www.stf.jus.br/portal/cms/verNoticiaDetalhe.asp?id Conteudo=270044>. Acesso em: 12 jul. 2014.

PARTE II
DIREITOS COLETIVOS

1. GREVE[1]

1.1. DEFENSORES PÚBLICOS

Decisão do TJE do Espírito Santo que determinou a suspensão de uma greve de Defensores Públicos daquele Estado provocou a RCL 17.188-ES[2], relatada pelo Min. Dias Toffoli.

O pedido liminar foi negado e mantida a decisão reclamada por decisório de 6.2.2014. O noticiário acerca da matéria consigna:

> *O ministro Dias Toffoli, do Supremo Tribunal Federal (STF), negou liminar na Reclamação (RCL) 17188, ajuizada pela Associação dos Defensores Públicos do Espírito Santo (Adepes) contra decisão de desembargadora do Tribunal de Justiça daquele Estado (TJ-ES) que determinou a suspensão do movimento grevista deflagrado por defensores públicos, estipulando multa diária de R$ 10 mil para o caso de descumprimento da determinação.*
>
> *Segundo a Adepes, o ato da magistrada violou decisões tomadas pelo STF no julgamento dos Mandados de Injunção (MIs) 670, 708 e 712, nos quais o Supremo estabeleceu que, até a existência de lei específica, deve ser aplicado à greve no serviço público, no que couber, o mesmo <u>regime</u> aplicável aos trabalhadores da iniciativa privada pela Lei 7.783/1989 (Lei de Greve). Decidiu, também, que a competência para julgar litígios*

---

[1] O tema *greve* é muito examinado pelo STF, por diversos ângulos. Nesta coletânea, existem algumas dezenas de julgados espalhados em praticamente todos os seus volumes para os quais remetemos os interessados.

[2] RCL 17.188-ES, de 6.2.2014 (Associação dos Defensores Públicos do Estado do Espírito Santo — ADEPES vs. Relatora da Ação Ordinária n. 0001976-58.2014.8.08.0000 do Tribunal de Justiça do Estado do Espírito Santo. Intdo.: Estado do Espírito Santo). Relator: Min. Dias Toffoli.

relacionados ao direito de greve de servidores públicos estaduais ou municipais é do Tribunal de Justiça de cada estado.

A associação argumentou ainda que a decisão da desembargadora desrespeitou a Súmula Vinculante 10, do STF, a qual prevê que "viola a cláusula de reserva de plenário (artigo 97 da Constituição Federal) a decisão de órgão fracionário de tribunal que, embora não declare expressamente a inconstitucionalidade de lei ou ato normativo do poder público, afasta sua incidência, no todo ou em parte". O artigo 97 estabelece que somente pelo voto da maioria absoluta de seus membros ou dos membros do respectivo órgão especial poderão os tribunais declarar a inconstitucionalidade de lei ou ato normativo do Poder Público.

Decisão

O ministro Dias Toffoli afirmou que o Supremo possui precedentes em que confirmou o entendimento de que decisão proferida em sede de liminar prescinde da aplicação da cláusula de reserva de plenário e, portanto, não viola a Súmula Vinculante 10. "A decisão reclamada foi proferida em sede de tutela antecipada, que, embora distinta da tutela cautelar quanto às providências e aos efeitos gerados, se assemelha à tutela cautelar quanto à finalidade de garantir a efetividade da decisão final, em razão do decurso do tempo", fundamentou.

Segundo o relator, a jurisprudência do STF é no sentido de que o artigo 97 da Constituição Federal e a Súmula Vinculante 10 não se aplicam a toda e qualquer hipótese em que a autoridade judiciária deixa de acolher a pretensão da parte de fazer incidir determinada norma ao caso concreto em debate.

"Em juízo sumário, entendo que a autoridade reclamada não declarou a inconstitucionalidade da lei estadual que regulamenta o exercício do direito de greve pelos servidores públicos civis do Estado do Espírito Santo, mas sim afastou sua aplicação tendo em vista as peculiaridades do caso concreto", sustentou.

Em relação às decisões do STF nos MIs 670, 708 e 712, o ministro Dias Toffoli salientou que a decisão no mandado de injunção tem o condão de enunciar regra concreta com o objetivo de possibilitar o gozo de direitos e liberdades constitucionalmente assegurados, bem como de prerrogativas inerentes à nacionalidade, à soberania e à cidadania, cujo exercício encontra-se impedido em razão do vácuo normativo.

"Em outras palavras, a constatação de lacuna legislativa é pressuposto da aplicação da 'solução normativo-concretizadora' adotada pelo STF em sede injuncional, o que não se verifica no caso dos autos, colocando-se como questão prejudicial ao conhecimento da presente reclamação. De todos os modos, há precedente colegiado do STF em que se analisou a 'amplitude da decisão proferida no julgamento do mandado de injunção 712', oportunidade em que se decidiu que o direito de greve não constitui direito absoluto", apontou.[3]

1.2. POLICIAL CIVIL[4]

No AG REG no MI 774-DF[5], relatado pelo Min. GIlmar Mendes, a 28.5.2014, o STF negou provimento ao agravo regimental interposto pela Associação dos Investigadores de Polícia do Estado de São Paulo, mantendo a decisão do Relator que não reconheceu o direito de greve a investigadores, delegados e escrivães de polícia daquele Estado.

A ementa do julgado assinala:

Agravo regimental em mandado de injunção. 2. Omissão legislativa do exercício do direito de greve por funcionários públicos civis. Aplicação do regime dos trabalhadores em geral. Precedentes. 3. As atividades exercidas por policiais civis constituem serviços públicos essenciais desenvolvidos por grupos armados, consideradas, para esse efeito, análogas às dos militares. Ausência de direito subjetivo à greve. Precedentes. 4. Agravo regimental a que se nega provimento.[6]

---

[3] Disponível em: <http://www.stf.jus.br/portal/cms/verNoticiaDetalhe.asp?id Conteudo=261093>. Acesso em: 11 jul. 2014.

[4] Sobre greve de policial civil, v., nesta coletânea, v. 12, p. 54, v. 13, p. 63, e v. 17, p. 85.

[5] AG.REG. no MI 774-DF, de 28.5.2014 (Associação dos Investigadores de Polícia do Estado de São Paulo vs. Presidente da República. Lit.Pas.: Estado de São Paulo). Rel.: Min. Gilmar Mendes.

[6] Disponível em: <http://www.stf.jus.br/portal/processo/verProcessoAndamento. asp?incidente=2563571>. Acesso em: 16 jan. 2015.

1.3. SERVIDOR PÚBLICO[7]. PERDA DE SALÁRIO

A Universidade de São Paulo requereu ao STF a suspensão da ordem do TRT da 2ª Região, mandando pagar os salários dos seus empregados em greve. Foi o que decidiu, a 3.9.2014, em sede cautelar, o Min. Celso de Mello, relator da RCL 18.506-SP[8]. O decisório é o seguinte:

> *Trata-se de reclamação, com pedido de medida liminar, na qual se sustenta que o ato judicial ora questionado — emanado do E. Tribunal Regional do Trabalho da 2ª Região — teria desrespeitado a autoridade da decisão proferida nos autos do MI 708/DF, Rel. Min. GILMAR MENDES, em que o Plenário desta Suprema Corte reconheceu a possibilidade de exercício imediato, pelos servidores públicos civis, do direito de greve, desde que atendidos, para esse fim, por efeito de aplicação analógica da Lei n. 7.783/89, determinados requisitos nela previstos.*
>
> *Informa-se, nesta reclamação, que a decisão judicial emanada do E. TRT/2ª Região, acolhendo promoção deduzida pelo Ministério Público do Trabalho, determinou "o pagamento dos salários que deveriam ter sido pagos em 5.8.2014, no prazo de 48 horas", bem assim ordenou que a USP "se abstenha de praticar novos descontos de salários dos grevistas até ulterior deliberação", cominando, ainda, "multa diária de R$ 30.000,00 por dia de atraso no pagamento dos salários, conforme determinado".*
>
> *Eis, no ponto, o teor da decisão objeto da presente ação reclamatória:*
>
>> *"(...) a atitude do Suscitante [USP] em promover tais descontos e, ainda, acenar com a possibilidade de novos, configura prática antissindical negando o próprio direito de greve de seus empregados. Tal prática não pode ser agasalhada, sobretudo em razão do conflito estar "sub judice", devendo o Suscitante aguardar decisão do Poder Judiciário*

---

[7] Sobre greve de servidor público, v., nesta coletânea, v. 2, p. 90, v. 6, p. 59, v. 7, p. 41, v. 9, p. 110, v. 10, p. 69, v. 12, p. 35, 39 e 54, v. 14, p. 51, 56 e 60, e v. 16, p. 65.

[8] RCL18.506-SP, de 3.9.2014 (Universidade de São Paulo — USP *vs.* Tribunal Regional do Trabalho da 2ª Região. Intdos.: Sindicato dos Trabalhadores da Universidade de São Paulo e Ministério Público do Trabalho). Relator: Min. Celso de Mello.

sobre o pagamento ou não dos dias parados e não efetuar tais descontos de forma abrupta. Ao agir assim, incorre no quanto previsto no parágrafo 2º do artigo 6º da Lei 7.783/89, praticando ato para constranger seus funcionários ao retorno ao trabalho" (grifei).

Verifica-se que o órgão judiciário apontado como reclamado, ao deferir o pedido de "pagamento imediato dos salários atrasados" aos servidores grevistas formulado pelo Ministério Público do Trabalho nos autos do Dissídio Coletivo de Greve n. 1001167-68.2014.5.02.0000, apenas reconheceu que o comportamento atribuído à ora reclamante, consistente "em efetuar descontos salariais dos dias parados em razão da greve", poderia, no caso, configurar comportamento abusivo, considerado o disposto no art. 6º, § 2º, da Lei n. 7.783/89.

Constata-se que o E. Tribunal Regional do Trabalho da 2ª Região fundamentou a decisão ora reclamada na Lei n. 7.783, de 28 de junho de 1989, instrumento normativo cuja aplicação — nos termos e com todas as ressalvas e temperamentos preconizados por esta Suprema Corte no exame do MI 708/DF, Rel. Min. GILMAR MENDES (e, também, no MI 670/ES e no MI 712/PA) — foi determinada justamente quando do julgamento do mandado de injunção ora invocado como paradigma de confronto.

Cabe ter presente, no ponto, que o Plenário desta Suprema Corte, defrontando-se com idêntica pretensão deduzida em sede de reclamação, entendeu inocorrente situação de desrespeito à autoridade dos julgamentos proferidos no exame do MI 670/ES, do MI 708/DF e do MI 712/PA em casos nos quais o órgão judiciário reclamado, assegurando o exercício do direito de greve à categoria profissional dos servidores públicos civis, limitou-se a analisar a legitimidade dos atos praticados durante a deflagração do movimento grevista, observando, para tanto, o que dispõe a Lei n. 7.783/89:

> "AGRAVO REGIMENTAL. RECLAMAÇÃO. DESRES-PEITO ÀS DECISÕES PROFERIDAS NOS MANDADOS DE INJUNÇÃO 670/ES, 708/DF e 712/PA. NÃO OCORRÊNCIA. MOVIMENTO GREVISTA ANALISADO À LUZ DOS REQUI-

SITOS E LIMITES ESTABELECIDOS NA LEI N. 7.783/1989. AGRAVO REGIMENTAL A QUE SE NEGA PROVIMENTO.

I — O pedido formulado nesta ação reclamatória não se enquadra em nenhuma das duas hipóteses permissivas inscritas no art. 102, I, 'l', da Constituição Federal, seja para preservar a competência desta Corte, seja para garantir a autoridade de suas decisões.

II — A decisão reclamada não afastou, por ausência de regulamentação legal, a possibilidade do exercício do direito de greve pelos servidores ora envolvidos. Ao contrário, procedeu, em juízo cautelar, ao exame do movimento paredista deflagrado à luz dos requisitos e limites estabelecidos na Lei 7.783/1989.

III — Pretensão de, por meio desta reclamação, verificar eventuais desacertos ou deficiências na interpretação dada pelo juízo reclamado à legislação infraconstitucional relativa ao exercício do direito de greve, pretensão que não pode ser acolhida nessa via estreita, que, ademais, não pode ser utilizada como mero sucedâneo recursal.

IV — Além disso, não cabe analisar nesta via processual se a atividade docente pode ou não ser considerada serviço essencial, à luz do que dispõem os arts. 10 e 11 da Lei 7.783/1989.

V — Agravo regimental a que se nega provimento".
(Rcl 15.692-AgR/PB, Rel. Min. RICARDO LEWANDOWSKI — grifei)

Esse mesmo entendimento — vale assinalar — tem sido observado por Juízes de ambas as Turmas desta Suprema Corte (Rcl 13.626/MG, Rel. Min. DIAS TOFFOLI — Rcl 15.820/RO, Rel. Min. CÁRMEN LÚCIA — Rcl 17.407/RO, Rel. Min. LUIZ FUX — Rcl 17.454-MC, Rel. Min. CELSO DE MELLO — Rcl 14.492-MC/DF, Rel. Min. MARCO AURÉLIO — Rcl 17.854-MC/PA, Rel. Min. CELSO DE MELLO, v.g.):

"RECLAMAÇÃO. GREVE DE SERVIDORES PÚBLICOS. INEXISTÊNCIA DE OFENSA A DECISÕES DO STF.

1. Em sede de reclamação, não se pode corrigir a interpretação dada à Lei n. 7.783/1989, a pretexto de assegurar a autoridade dos acórdãos proferidos por este Tribunal nos MIs 670, 708 e 712. 2. A reclamação não serve como sucedâneo recursal. Precedentes. 3. Seguimento negado." (Rcl 17.405--AgR/RO, Rel. Min. ROBERTO BARROSO — grifei)

Vê-se, desse modo, ao menos em juízo de estrita delibação, que não parece estar caracterizada transgressão à autoridade da decisão proferida por esta Suprema Corte no julgamento do MI 708/DF.

Sendo assim, em face das razões expostas e sem prejuízo de ulterior reapreciação da matéria, indefiro o pedido de medida cautelar.

Publique-se.[9]

---

[9] Disponível em: <file:///C:/Users/georgenorfilho/Downloads/texto_256598212.pdf>. Acesso em: 16 jan. 2015.

2. MANDATO SINDICAL. AFASTAMENTO DE SERVIDOR. CONSTITUIÇÃO ESTADUAL

Apreciando, em 11.6.2014, a ADIn 510-AM[1], o Pleno do STF, por maioria, considerou constitucional dispositivo da Constituição do Estado do Amazonas (art. 110, § 7º) que permite afasmento de servidor público para exercer mandato sindical, em entidade que represente sua classe, com direito à percepção de seus vencimentos e vantagens do cargo. A relatoria é da Min. Carmen Lúcia é a ementa do julgado revela:

> AÇÃO DIRETA DE INCONSTITUCIONALIDADE. CONSTITUCIONAL. AFASTAMENTO DE SERVIDOR PÚBLICO ESTADUAL DO CARGO PARA EXERCÍCIO DE FUNÇÃO EXECUTIVA EM INSTITUIÇÃO SINDICAL REPRESENTATIVA DA CLASSE. ART. 110, § 7º, DA CONSTITUIÇÃO DO AMAZONAS. AÇÃO JULGADA IMPROCEDENTE.
>
> 1. A regulamentação superveniente do dispositivo impugnado não importa perda de objeto da ação direta ajuizada.
>
> 2. O exercício de função executiva em instituição sindical não se confunde com o exercício de mandato eletivo, previsto no art. 38 da Constituição da República.
>
> 3. Possibilidade de norma constitucional estadual assegurar aos servidores públicos estaduais dirigentes sindicais o afastamento do exercício do cargo, sem prejuízo da remuneração e das vantagens inerentes ao cargo público.
>
> 4. Ação direta de inconstitucionalidade julgada improcedente.[2]

---

[1] ADIn 510-AM, de 11.6.2014 (Governador do Estado do Amazonas vs. Assembleia Legislativa do Estado do Amazonas). Rel.: Min. Cármen Lúcia.
[2] Disponível em: http://www.stf.jus.br/portal/processo/verProcessoAndamento.asp?incidente=1520476. Acesso em 15.1.2015.

3. REGISTRO SINDICAL[1]. NECESSIDADE

Apreciando a RCL 10.160-RN[2], o relator, Min. Ricardo Lewandowski, entendeu que não viola a Constituição da República a exigência de registro sindical no Ministério do Trabalho e Emprego. A decisão é de 18.6.2014, e segue abaixo:

> *Trata-se de reclamação, com pedido de medida liminar, proposta pelo Município de Mossoró/RN, contra decisão proferida em sede liminar pelo Juízo de Direito da Vara da Fazenda Pública da Comarca de Mossoró/RN, no Processo 106.10.002034-2, que teria afrontado o conteúdo da decisão proferida por esta Corte nos autos da ADI 1.121/RS, Rel. Min. Celso de Mello.*
>
> *O reclamante narra que o Sindicato dos Agentes de Trânsito e Transportes Públicos de Mossoró — SINDATRAN e os servidores municipais Vinícius Magnus Medeiros de Lima, Álamo Jackson de Souza Duarte e Thiago Leandro Pipolo impetraram mandado de segurança contra ato da Prefeita do Município em questão "consubstanciado em ato omissivo, a saber, ausência de deliberação quanto a 'declarar o afastamento de dirigentes sindicais de suas funções'", a fim de obter licença para desempenho de atividade sindical.*
>
> *O Juiz de Direito da Vara da Fazenda Pública concedeu a liminar pleiteada e determinou à então impetrada que colocasse os impetrantes nominados na exordial à disposição do SINDATRAN por entender não merecer guarida as alegações referentes às*

---

[1] Sobre registro sindical, v., nesta coletânea, v. 1, p. 49, v. 8, p. 35, v. 14, p. 49, e v. 16, p. 63.

[2] RCL 10.160-RN, de 18.6.2014 (Município de Mossoró vs. Juiz de Direito da Vara da Fazenda Pública da Comarca de Mossoró. Intdo.(a/s): SINDATRAN — Sindicato dos Agentes de Trânsito e Transportes Públicos de Mossoro e Outro). Relator: Min. Ricardo Lewandowski.

possíveis irregularidades na constituição da entidade sindical (não possuir o sindicato estatuto e registro junto ao Ministério do Trabalho), sob os seguintes fundamentos:

> *"(...) a uma porque o estatuto foi anexado às fls. 241/326; a duas porque foi anexado aos autos (fl. 336) certidão dando conta que, decorrido o prazo de 30 (trinta) dias da solicitação de seu registro perante o Ministério do Trabalho, não foi apresentada nenhuma impugnação, a três porque o STJ tem como suficiente o registro no Ofício de Títulos e Documentos (REsp n. 35875, DJU de 5.9.94)".*

Dessa forma, o reclamante sustenta que esse entendimento firmado "pela prescindibilidade do registro sindical no Ministério do Trabalho e Emprego" afrontou o quanto decidido por esta Corte na ADI 1.121-MC/RS.

Afirma, ademais, violação à Súmula n. 677 do Supremo Tribunal Federal. Além disso, alega que a decisão reclamada lastreou-se em precedente do Superior Tribunal de Justiça, cujo fundamento foi superado pelo entendimento firmado na referida ação direta de inconstitucionalidade.

Aduz, assim, presentes os requisitos que ensejam a concessão da liminar, porquanto "a determinação de obrigação de fazer ao Município implicará em temerário afastamento de servidores públicos de suas funções para ficarem à disposição de entidade que não tem registro e status sindical".

Pugna, por fim, pelo seu deferimento, para obter a imediata suspensão dos efeitos da decisão atacada e, no mérito, requer a procedência desta reclamação a fim de determinar a nulidade da decisão reclamada e do processo 106.10.002034-2.

Em 25.5.2010, deferi a liminar.

Instada a se manifestar, a Procuradoria-Geral opinou pela procedência da ação.

É o relatório.

Decido.

Bem examinados os autos, entendo que a pretensão merece acolhida.

Com efeito, por ocasião do julgamento da ADI 1.121-MC/RS, de relatoria do Ministro Celso de Mello, esta Suprema Corte firmou orientação no sentido de que não ofende o texto constitucional a exigência de registro sindical no Ministério do Trabalho. Concluiu-se, naquela assentada, que "*o registro sindical qualifica-se como ato administrativo essencialmente vinculado, devendo ser praticado pelo Ministro do Trabalho, mediante resolução fundamentada, sempre que, respeitado o postulado da unicidade sindical e observada a exigência de regularidade, autenticidade e representação, a entidade sindical interessada preencher, integralmente, os requisitos fixados pelo ordenamento positivo e por este considerados como necessários à formação dos organismos sindicais*".

Embora destituída de eficácia vinculante, a Súmula 677 do STF, ao firmar como um de seus precedentes o referido julgado, corroborou esse entendimento ao dispor:

> "ATÉ QUE LEI VENHA A DISPOR A RESPEITO, INCUMBE AO MINISTÉRIO DO TRABALHO PROCEDER AO REGISTRO DAS ENTIDADES SINDICAIS E ZELAR PELA OBSERVÂNCIA DO PRINCÍPIO DA UNICIDADE".

Destaco, por oportuno, da decisão reclamada:

> "(...) foi anexado aos autos (fl. 336) certidão dando conta que, decorrido o prazo de 30 (trinta) dias da solicitação de seu registro perante o Ministério do Trabalho, não foi apresentada nenhuma impugnação, a três porque o STJ tem como suficiente o registro no Ofício de Títulos e Documentos (REsp n. 35875, DJU de 5.9.94)" (grifos meus).

Destarte, o afastamento do registro sindical junto ao Ministério do Trabalho e Emprego pela decisão ora reclamada configura-se desrespeito ao quanto decidido por esta Corte na ADI 1.121-MC/RS, pois este requisito é o que permite a observância do postulado da unicidade sindical.

Nesse sentido, assentou a Ministra Ellen Gracie em voto proferido na Rcl 4.990-AgR/PB, Pleno:

"(...)

A jurisprudência desta Suprema Corte é no sentido da impossibilidade de estar em juízo, em defesa dos interesses de determinada categoria, entidade sindical cujos estatutos não se encontram devidamente registrados no Ministério do Trabalho, em atenção ao postulado da unicidade sindical (art. 8º, II, da Constituição Federal)".

Isso posto, julgo procedente esta reclamação a fim de cassar a decisão reclamada para que outra seja proferida em observância ao decidido na ADI 1.121-MC/RS.

Publique-se.[3]

---

[3] Disponível em: <file:///C:/Users/georgenorfilho/Downloads/texto_238459796.pdf>. Acesso em: 16 jan. 2015.

PARTE III
DIREITO PROCESSUAL

1. CONSELHOS PROFISSIONAIS

1.1. ADC. ILEGITIMIDADE

Inexiste legitimidade para Conselho Profissional propor ADC. Foi o que decidiu, por despacho, o Min. Luiz Fux, na ADC 34-DF[1], de 6.8.2014, cuja decisão está transcrita a seguir, estando pendente de julgamento o agravo regimental interposto:

> AÇÃO DECLARATÓRIA DE CONSTITUCIONALIDADE. DISPOSITIVO DA LEI FEDERAL N. 9.649/98. ILEGITIMIDADE ATIVA AD CAUSAM DO PROPONENTE, POR NÃO CONSTITUIR ENTIDADE DE CLASSE, MAS CONSELHO PROFISSIONAL. EXTINÇÃO DO PROCESSO, SEM RESOLUÇÃO DO MÉRITO.
>
> Trata-se de Ação Declaratória de Constitucionalidade, com pedido de medida liminar, ajuizada pelo Conselho Federal de Corretores de Imóveis — COFECI, tendo como objeto o § 3º do art. 58, da Lei Federal n. 9.649/98, que dispõe sobre a organização da Presidência da República e dos Ministérios e dá outras providências, in verbis:
>
>> "§ 3º — Os empregados dos conselhos de fiscalização de profissões regulamentadas são regidos pela legislação trabalhista, sendo vedada qualquer forma de transposição, transferência ou deslocamento para o quadro da Administração Pública direta ou indireta".
>
> Afirma a sua legitimidade ativa, nos termos do art. 103, IX, da CF/88 (com a redação que lhe deu a EC n. 45/04), e estabelece expressamente na exordial que o COFECI, além da atividade de

---

[1] ADC 34-DF, de 6.8.2014. Conselho Federal de Corretores de Imóveis — COFECI. Intdo.. (a/s): Presidente da República e Congresso Nacional) Rel.: Min. Luiz Fux.

fiscalizar e regular o exercício da profissão de corretor de imóveis, também tem a função de representar e defender os interesses da categoria de corretor de imóveis (art. 7º da Lei n. 6.530/1978).

É o relatório. Decido.

Com efeito, a ação vem proposta por entidade de fiscalização profissional de natureza autárquica, qual seja, o Conselho Federal de Corretores de Imóveis — COFECI. Como bem recorda o requerente, a entidade é instituída por Lei Federal, e não configura entidade de classe, mas pessoa jurídica de direito público interno.

Ademais, o único conselho profissional com legitimação para propositura de ações constitucionais de controle concentrado, exercido por meio da Ação Direta de Inconstitucionalidade, Ação Declaratória de Constitucionalidade e Arguição de Descumprimento de Preceito Fundamental é o da Ordem dos Advogados do Brasil, não tendo outro legitimado, além desse, admitido pela Constituição Federal. A jurisprudência desta Corte é firme no sentido de vedar a extensão da legitimação ad causam *para propositura de feitos de controle concentrado de constitucionalidade aos conselhos de fiscalização da atividade profissional. Restou assentado que os conselhos profissionais não se enquadram na categoria de entidades de classe de âmbito nacional, razão ela qual não podem ser considerados como abrangidos pelo rol de legitimados do art. 103, da Carta Magna, conforme visto nos julgamentos da ADI 3.393, Rel. Min. Ellen Gracie, DJ de 28.5.2008; da ADI 1.997, Rel. Min. Marco Aurélio, DJ de 8.6.99; da ADI 1.928, Rel. Min. Sydney Sanches, DJ de 19.2.99; e da ADI 641, Rel. Min. Néri da Silveira, DJ de 12.3.93,* in verbis*:*

> *EMENTA: LEGITIMIDADE — AÇÃO DIRETA DE INCONSTITUCIONALIDADE — CONSELHOS — AUTARQUIAS CORPORATIVISTAS. O rol do artigo 103 da Constituição Federal e exaustivo quanto a legitimação para a propositura da ação direta de inconstitucionalidade. Os denominados Conselhos, compreendidos no gênero "autarquia" e tidos como a consubstanciar a espécie corporativista não se enquadram na previsão constitucional relativa as entidades de classe de âmbito nacional. Da Lei Básica Federal exsurge a*

legitimação de Conselho único, ou seja, o Federal da Ordem dos Advogados do Brasil. Daí a ilegitimidade "ad causam" do Conselho Federal de Farmácia e de todos os demais que tenham idêntica personalidade jurídica — de direito público. (ADI 641 — MC, Relator: Ministro NERI DA SILVEIRA, Relator para o Acórdão: Min. MARCO AURÉLIO, Tribunal Pleno, julgado em 11.12.1991, DJ 12-03-1993 PP-03557 EMENT VOL-01695-02 PP 00223).

In casu, *não assiste razão ao requerente, visto que o texto normativo impugnado ofende à coisa julgada, porquanto este colendo Tribunal já declarou inconstitucional o § 3º do art. 58, da Lei n. 9.649, de 27 de maio de 1.998, ao apreciar o pedido de medida cautelar, na ADI n. 1.717/DF, de relatoria do Min. Sydney Sanches. A ilustrar, destaco o seguinte trecho da ementa daquele julgado:*

EMENTA: — DIREITO CONSTITUCIONAL E ADMINISTRATIVO. AÇÃO DIRETA DE INCONSTITUCIONALIDADE DO ART. 58 E SEUS PARÁGRAFOS DA LEI FEDERAL N. 9.649, DE 27.05.1998, QUE TRATAM DOS SERVIÇOS DE FISCALIZAÇÃO DE PROFISSÕES REGULAMENTADAS. 1. Está prejudicada a Ação, no ponto em que impugna o parágrafo 3º do art. 58 da Lei n. 9.649, de 27.5.1988, em face do texto originário do art. 39 da C.F. de 1988. É que esse texto originário foi inteiramente modificado pelo novo art. 39 da Constituição, com a redação que lhe foi dada pela E.C. n. 19, de 4.6.1988. E, segundo a jurisprudência da Corte, o controle concentrado de constitucionalidade, mediante a Ação Direta, é feito em face do texto constitucional em vigor e não do que vigorava anteriormente. 2. Quanto ao restante alegado na inicial, nos aditamentos e nas informações, a Ação não está prejudicada e por isso o requerimento de medida cautelar é examinado. 3. No que concerne à alegada falta dos requisitos da relevância e da urgência da Medida Provisória (que deu origem à Lei em questão), exigidos no art. 62 da Constituição, o Supremo Tribunal Federal somente a tem por caracterizada quando neste objetivamente evidenciada. E não quando dependa de uma avaliação subjetiva, estritamente política, mediante critérios de oportunidade e conveniência, esta confiada aos Poderes Executivo e Legislativo, que têm melhores condições que o Judiciário para uma conclusão a respeito. 4. Quanto ao mais, porém, as considerações da inicial e do aditamento de fls. 123/125 levam ao reconhecimento da plausibilidade jurídica da Ação, satisfeito, assim, o primeiro requisito para a concessão da medida cautelar ("fumus boni iuris"). Com efeito, não parece possível, a um primeiro exame, em face do ordenamento constitucional, mediante a interpretação conjugada dos artigos 5º, XIII, 22, XVI, 21, XXIV, 70, parágrafo único, 149 e 175 da CF, a delegação, a uma entidade privada, de atividade típica de Estado, que abrange até poder de polícia, de tributar e de punir, no que tange ao exercício de atividades profissionais. 5. Precedente: M.S. n. 22.643. 6. Também está presente o requisito do "periculum in mora", pois a ruptura do sistema atual e a implantação do novo, trazido pela Lei impugnada, pode acarretar graves transtornos à Administração Pública e ao próprio exercício das profissões regulamentadas, em face do ordenamento constitucional em vigor. 7. Ação prejudicada, quanto ao parágrafo 3º do art. 58 da Lei n. 9.649, de 27.5.1998. 8. Medida Cautelar deferida, por maioria de votos, para suspensão da eficácia do "caput" e demais parágrafos do mesmo artigo, até o julgamento final da Ação. (ADI 1.717/DF — MC, Relator: Ministro SYDNEY SANCHES, Tribunal Pleno, julgado em 22.9.1999, DJ 25.2.2000 PP-00050 EMENT. VOL-01980-01 PP 00063).

Ex positis, JULGO EXTINTA a ação, sem resolução do mérito, ante a ausência de legitimidade ad causam de seu proponente, para figurar nesta demanda (art. 267, VI, do CPC e art. 21, IX, do RISTF).

Publique-se.[2]

---

[2] Disponível em: <file:///C:/Users/georgenorfilho/Downloads/texto_249425975.pdf>. Acesso em: 19 jan. 2015.

1.2. ADPF. ILEGIMIDADE

Decisão do Min. Dias Toffoli não reconheceu legitimidade a Conselhos de fiscalização de classe para ajuizamento de Arguição de Descumprimento de Preceito Fundamental. Foi o que ficou decidido na ADPF 264-DF[3], a 12.6.2014. Note-se que, o agravo regimental interposto teve seu provimento negado a 18.12.2014[4].

O decisório é o seguinte:

Vistos.

Trata-se de arguição de descumprimento de preceito fundamental, com pedido de liminar, ajuizada pelo Conselho Federal dos Corretores de Imóveis, tendo por objeto os arts. 1º, alíneas "a", "b" e "d"; 2º, alíneas "a" e "b"; 3º; e 4º, todos do Decreto-Lei n. 9.760, de 5 de setembro de 1946, que definem e conceituam como bens da União as ilhas costeiras e seus "contornos".

Sustenta o requerente que os dispositivos questionados não foram recepcionados na íntegra pela Emenda Constitucional n. 46, de 5 de maio de 2005, que alterou o art. 20, IV, da Carta Magna, além de violarem os princípios constitucionais da legalidade (art. 37, caput), da segurança jurídica (art. 5º, XXXVI), do direito de propriedade (art. 5º, XXII) e da supremacia da Constituição. Aduz, em síntese, que, para serem compatíveis com o atual texto constitucional, os dispositivos impugnados deveriam excluir do domínio da União os imóveis localizados em ilhas costeiras que contenham sede de município.

Aplicado o rito do art. 12 da Lei n. 9.868/99, a Câmara dos Deputados enviou manifestação afirmando não ter informações a prestar no caso, visto que os dispositivos impugnados não contaram com a participação do Congresso Nacional na sua elaboração (doc. eletrônico n. 31). A Presidência da República, por seu turno, valendo-se de informações da lavra da Advocacia-Geral da União, pugnou pela improcedência do pedido (doc. eletrônico

---

[3] ADPF 264-DF, de 12.6.2014 (Conselho Federal de Corretores de Imóveis — COFECI. Intdos.: Presidente da República e Congresso Nacional). Relator : Min. Dias Toffoli.

[4] Cf. <http://www.stf.jus.br/portal/processo/verProcessoAndamento.asp?incidente=4282350>. Acesso em: 16 jan. 2015.

n. 33), aduzindo, em síntese, que remanescem sob domínio federal os terrenos incorporados ao patrimônio da União pelo registro público, na forma da legislação, ainda que situados dentro das áreas costeiras que contenham sede de Município. O Senado Federal (doc. eletrônico n. 35), por seu turno, manifestou-se pelo não conhecimento da ação, por ilegitimidade ativa ad causam *do autor, e, no mérito, pela improcedência do pedido, na linha do que foi arguido pela Presidência da República.*

A Advocacia-Geral da União manifestou-se, em preliminar, pelo não conhecimento da ação, com fulcro na ilegitimidade ativa do autor. No mérito, defendeu a compatibilidade dos preceitos impugnados com a Emenda Constitucional n. 46/2005, ratificando as razões apresentadas pela Presidência da República.

O Ministério Público Federal, por seu turno, opinou também no sentido da ilegitimidade ativa do autor e, no mérito, pela improcedência do pedido.

É o relatório.

Decido.

Com razão o Ministério Público Federal e a Advocacia-Geral da União ao suscitarem a ilegitimidade ativa ad causam *do autor.*

De fato, a jurisprudência deste Supremo Tribunal Federal fixou-se no sentido de que os conselhos de fiscalização de classe não detêm legitimidade para o ajuizamento das ações de controle concentrando, por serem entidades autárquicas, detentoras, portanto, de personalidade jurídica de direito público, não se enquadrando no conceito de "entidade de classe de âmbito nacional" constante art. 103, inc. IX, da Constituição Federal. Nesse sentido, a ADI n. 641-MC/DF, julgada pelo Plenário, cuja ementa é a seguinte:

"LEGITIMIDADE — AÇÃO DIRETA DE INCONSTITUCIONALIDADE — CONSELHOS — AUTARQUIAS CORPORATIVISTAS. O rol do artigo 103 da Constituição Federal e exaustivo quanto a legitimação para a propositura daação direta de inconstitucionalidade. Os denominados Conselhos, compreendidos no gênero "autarquia" e tidos como a consubstanciar a espécie corporativista não se enquadram na

previsão constitucional relativa as entidades de classe de âmbito nacional. Da Lei Básica Federal exsurge a legitimação de Conselho único, ou seja, o Federal da Ordem dos Advogados do Brasil. Dai a ilegitimidade "ad causam" do Conselho Federal de Farmácia e de todos os demais que tenham idêntica personalidade jurídica — de direito público". (ADI n. 641-MC/ DF, Relator o Ministro Néri da Silveira, Relator p/ acórdão o Ministro Marco Aurélio, Tribunal Pleno, DJ de 12.3.93).

Cumpre destacar o seguinte trecho do voto proferido naquele julgamento pelo eminente Ministro Celso de Mello, que bem aborda a questão:

> *"O Conselhos em questão não se reduzem, em sua dimensão conceitual, à noção de entidade de classe. São entidades revestidas de natureza autárquica, vinculadas, organicamente, à própria estrutura do Poder Executivo, em cujo âmbito somente o Presidente da República e o Procurador-Geral da República dispõem, na esfera federal, de legitimidade ativa "ad causam" para o controle concentrado de constitucionalidade.*
>
> *Os Conselhos e a Ordem profissionais constituem pessoas dotadas de capacidade meramente administrativa.*
>
> *Submetem-se, por isso mesmo, à tutela administrativa do Ministro de Estado a cujo poder de controle estão juridicamente sujeitos.*
>
> *O reconhecimento, aos Conselhos e às Ordem profissionais, da qualidade pra agir — ressalvada a hipótese da Ordem dos Advogados do Brasil, cujo poder deriva de explícita previsão constitucional (art. 103, VII) — significaria conferir legitimidade ativa, na esfera da fiscalização normativa abstrata, a entes autárquicos, quanto falece, no plano do direito positivo, ao próprio Ministro de Estado — a cuja supervisão estão sujeitos — o exercício dessa mesma e excepcional prerrogativa de índole constitucional".*

O tema da legitimidade ativa "ad causam" constitui matéria de direito estrito. Não comporta, em consequência, interpretação que elasteça o rol, necessariamente taxativo, consubstanciado no art. 103 da Constituição Federal".

No mesmo sentido, as seguintes decisões monocráticas: ADI n. 3.993, Relatora a Ministra Ellen Gracie, julgada em 23.5.08, DJe de 29.5.2008; ADI n. 3.758, decisão proferida pela Ministra Ellen Gracie, então Presidente deste Tribunal, DJ de 2.8.2006; e ADI n. 1462, Relator o Ministro Celso de Mello, DJ de 13.3.2001.

Ante o exposto, em face da ausência de legitimidade ativa do entidade ora requerente, nego seguimento à presente arguição de descumprimento de preceito fundamental (art. 21, § 1º, RISTF).

Publique-se.[5]

---

[5] Disponível em: <file:///C:/Users/georgenorfilho/Downloads/texto_241362611.pdf>. Acesso em: 16 jan. 2015.

2. COMPETÊNCIA. JUSTIÇA DO TRABALHO. PRÉ-CONTRATAÇÃO

Apreciando o ARE 774.137 AgR-BA[1], a 14.11.2014, a 2ª Turma do STF acompanhou o entendimento do relator, Min. Teori Zavascki, entendendo que a Justiça do Trabalho é competente para julgar as demandas instauradas entre pessoas jurídicas de direito privado integrantes da Administração indireta e seus empregados, cuja relação é regida pela CLT, irrelevante o fato de a ação ser relativa ao período pré-contratual. Nessa linha, o Colegiado decidiu que a ocupação precária por terceirização para desempenho de atribuições idênticas às de cargo efetivo vago, para o qual houvesse candidatos aprovados em concurso público vigente, configuraria ato equivalente à preterição da ordem de classificação no certame, a ensejar o direito à nomeação.

A ementa do julgado é a seguinte:

> DIREITO DO TRABALHO E PROCESSUAL DO TRABALHO. AGRAVO REGIMENTAL NO RECURSO EXTRAORDINÁRIO COM AGRAVO. CONCURSO PÚBLICO. DEMANDA AJUIZADA POR CANDIDATO EM FACE DE EMPRESA SUBSIDIÁRIA DE SOCIEDADE DE ECONOMIA MISTA. FASE PRÉ-CONTRATUAL. COMPETÊNCIA DA JUSTIÇA DO TRABALHO. OFENSA AOS ARTS. 2º E 5º DA CONSTITUIÇÃO. SÚMULA 284/STF. TERCEIRIZAÇÃO. PRETERIÇÃO. DIREITO À NOMEAÇÃO. PRECEDENTES.
>
> 1. O Plenário do Supremo Tribunal Federal, no julgamento da ADI 3.395-MC, Rel. Min. CEZAR PELUSO, DJ de 10.11.2006, afastou a aplicação do art. 114, I, da CF/88, na redação conferida

---

[1] ARE 774137 AgR-BA, de 14.10.2014 (Petrobras Transporte S/A — TRANSPETRO vs. Pedro Borba). Relator: Min. Teori Zavascki.

pela EC 45/04, às causas entre o Poder Público e os servidores a ele vinculados por relação jurídica estatutária.

2. Tal entendimento não se aplica às demandas instauradas entre pessoas jurídicas de direito privado integrantes da administração indireta e seus empregados, cuja relação é regida pela Consolidação das Leis do Trabalho (RE 505.816-AgR, Rel. Min. CARLOS BRITTO, Primeira Turma, DJe de 18.5.2007), sendo irrelevante que a ação seja relativa ao período pré-contratual, em que ainda não há pacto de trabalho firmado entre as partes.

3. Conforme orientação pacífica desta Corte, a ocupação precária por terceirização para desempenho de atribuições idênticas às de cargo efetivo vago, para o qual há candidatos aprovados em concurso público vigente, configura ato equivalente à preterição da ordem de classificação no certame, ensejando o direito à nomeação (ARE 776.070-AgR, Rel. Min. GILMAR MENDES, Segunda Turma, DJe de 22.3.2011; ARE 649.046-AgR, Rel. Min. LUIZ FUX, Primeira Turma, DJe de 13.9.2012).

4. Agravo regimental desprovido.[2]

---

[2] Disponível em: <file:///C:/Users/georgenorfilho/Downloads/texto_271841739.pdf>. Acesso em: 17 jan. 2015.

3. DESCONTOS PREVIDENCIÁRIOS. MINISTÉRIO PÚBLICO FEDERAL. LEGITIMIDADE

O RE 788.838-RS[1], de 20.3.2014, teve seu seguimento negado. O INSS questionava a legitimidade do Ministério Público Federal para atuar em defesa de idosos e incapazes cujo acesso ao benefício assistencial (LOAS), vinha sendo negado e que ocasionara uma ação civil pública, destinada a garantir esse direito nos casos em que a renda *per capita* da família do requerente ultrapassasse o limite de um quarto do salário mínimo. O despacho do Min. Ricardo Lewandowski tem o seguinte teor:

> *Trata-se de recurso extraordinário contra acórdão assim ementado:*
>
>> *"PREVIDENCIÁRIO E PROCESSO CIVIL. AÇÃO RESCISÓRIA. SÚMULA 343 DO STF. INAPLICABILIDADE. AÇÃO CIVIL PÚBLICA. DIREITOS INDIVIDUAIS HOMOGÊNEOS. IDOSOS E INCAPAZES. MINISTÉRIO PÚBLICO. LEGITIMIDADE ATIVA. INTERESSE SOCIAL DO BENEFÍCIO. INADEQUAÇÃO DA VIA ELEITA AFASTADA. BENEFÍCIO ASSISTENCIAL. ARTIGO 34, PARÁGRAFO ÚNICO, DA LEI 10.741/03.*
>>
>> *1. Segundo o enunciado 63 desta Corte: 'Não é aplicável a Súmula 343 do Supremo Tribunal Federal nas ações rescisórias versando matéria constitucional'. Preliminar rejeitada.*
>>
>> *2. Consoante interativa jurisprudência do Supremo Tribunal Federal, ao Ministério Público é dado promover, via ação coletiva, a defesa de direitos individuais homogêneos, porque tidos como espécie dos direitos coletivos, desde que*

---

[1] RE 788.838-RS, de 20.3.2014 (Instituto Nacional de Seguro Social — INSS *vs.* Ministério Público Federal). Rel.: Min. Ricardo Lewandowski.

o seu objeto se revista da necessária relevância social. Ademais, dispõe o artigo 74, inciso I, da Lei 10.741/03, competir ao Ministério Público instaurar o inquérito civil e a ação civil pública para a proteção dos direitos e interesses difusos ou coletivos, individuais indisponíveis e individuais homogêneos do idoso" (p. 34 do documento eletrônico 2).

No RE, fundado no artigo 102, II, **a**, da Constituição Federal, alegou-se, em suma, ofensa aos artigos 127, 129, III e IX, e 203, V, da mesma Carta.

A pretensão recursal não merece acolhida.

O acórdão recorrido está em harmonia com a jurisprudência desta Corte, que, no julgamento do RE 163.231/SP, Rel. Min. Maurício Corrêa, reconheceu a legitimidade do Ministério Público para a defesa de interesses individuais homogêneos, sobretudo quando evidente a relevância social da matéria em debate. Reportando-se ao citado RE, o Ministro Gilmar Mendes, no julgamento do AI 516.419-AgR/PR, assim se manifestou:

> "entende-se que o Ministério Público detém legitimidade para propor ação civil pública em defesa de interesses individuais homogêneos, quando presente evidente relevo social, independentemente de os potenciais titulares terem a possibilidade de declinar a fruição do direito afirmado na ação".

Oportuna, ainda, a menção ao RE 472.489-AgR/RS, Rel. Min. Celso de Mello, em que também se decidiu pela legitimidade do Parquet na defesa dos interesses individuais homogêneos:

> "EMENTA: **DIREITOS INDIVIDUAIS HOMOGÊNEOS — SEGURADOS** DA PREVIDÊNCIA SOCIAL — **CERTIDÃO PARCIAL** DE TEMPO DE SERVIÇO — **RECUSA** DA AUTARQUIA PREVIDENCIÁRIA — **DIREITO** DE PETIÇÃO **E DIREITO** DE OBTENÇÃO DE CERTIDÃO EM REPARTIÇÕES PÚBLICAS — **PRERROGATIVAS JURÍDICAS** DE ÍNDOLE **EMINENTEMENTE** CONSTITUCIONAL — **EXISTÊNCIA** DE RELEVANTE INTERESSE SOCIAL — **AÇÃO CIVIL PÚBLICA — LEGITIMAÇÃO ATIVA** DO MINISTÉRIO

*PÚBLICO — **A FUNÇÃO INSTITUCIONAL** DO MINISTÉRIO PÚBLICO **COMO 'DEFENSOR DO POVO' (CF**, ART. 129, II) **— DOUTRINA — PRECEDENTES — RECURSO DE AGRAVO IMPROVIDO**.*

(...)

*— O Ministério Público **tem legitimidade ativa** para a defesa, **em juízo**, dos direitos **e** interesses individuais homogêneos, **quando impregnados** de relevante natureza social, **como sucede** com o direito de petição **e** o direito de obtenção de certidão em repartições públicas. **Doutrina. Precedentes**". (grifos no original)*

No mesmo sentido, menciono as seguintes decisões, entre outras: RE 581.352-AgR/AM, Rel. Min. Celso de Mello; RE 612.499/SC e RE 637.802/DF, Rel. Min. Cármen Lúcia; RE 655.490/DF e RE 475.010-AgR/RS, Rel. Min. Dias Toffoli; RE 635.109/DF, Rel. Min. Luiz Fux.

Isso posto, nego seguimento ao recurso (art. 557, caput, do CPC).

Publique-se.[2]

---

[2] Disponível em: <http://www.stf.jus.br/portal/processo/verProcessoAndamento.asp?incidente=4508503>. Acesso em: 21 jan. 2015.

4. HONORÁRIOS PERICIAIS. MINISTÉRIO PÚBLICO

Examinando a RCL 13.714-AC[1], o Min. Marco Aurélio julgou-a procedente, cassando acórdão do Tribunal de Justiça do Acre que determinara pagamento de honorários periciais pelo Ministério Público daquele Estado, em ação civil pública proposta pela Promotoria Especializada de Habitação e Urbanismo do órgão. O *decisum* é o seguinte:

AÇÃO CIVIL PÚBLICA — HONORÁRIOS PERICIAIS — ADIANTAMENTO PELO AUTOR — ADMISSIBILIDADE NA ORIGEM — ARTIGO 18 DA LEI N. 7.347/85 — AFASTAMENTO POR ÓRGÃO FRACIONADO — RESERVA DE COLEGIADO — VERBETE VINCULANTE N. 10 DA SÚMULA DO SUPREMO — PROCEDÊNCIA DO PEDIDO.

1. O assessor Dr. Vinicius de Andrade Prado prestou as seguintes informações:

Em 27 de abril de 2012, ao deferir a medida acauteladora, Vossa Excelência consignou:

> *AÇÃO CIVIL PÚBLICA — HONORÁRIOS PERICIAIS — ADIANTAMENTO PELO AUTOR — ADMISSIBILIDADE NA ORIGEM — ARTIGO 18 DA LEI N. 7.347/85 — AFASTAMENTO POR ÓRGÃO FRACIONADO — RESERVA DE COLEGIADO — VERBETE VINCULANTE N. 10 DA SÚMULA DO SUPREMO — LIMINAR DEFERIDA.*
>
> *1. O Ministério Público do Estado do Acre sustenta haver a Câmara Cível do Tribunal de Justiça do Estado do Acre, no julgamento do Agravo de Instrumento n. 0002083-*

---

[1] RCL 13.714-AC, de 26.9.2014 (Ministério Público do Estado do Acre vs. Tribunal de Justiça do Estado do Acre. Intdo.(a/s): Município de Rio Branco, Getúlio Dantas de Queiroga e outro(a/s), Vectra Engenharia e outro(a/s) e Imobiliária Fortaleza Ltda). Relator: Min. Marco Aurélio.

-05.2011.8.01.0000, desrespeitado o teor do Verbete Vinculante n. 10 da Súmula do Supremo. Segundo narra, o órgão reclamado acabou por impor ao autor a satisfação dos honorários periciais quanto à prova técnica requerida em ação civil pública voltada a compelir o Município de Rio Branco a regularizar loteamentos imobiliários. Diz da interposição de recurso especial contra o acórdão, ainda pendente de julgamento.

Argumenta que o Colegiado, sem observar a cláusula da reserva de plenário prevista no artigo 97 da Carta de 1988, afastou a aplicação do artigo 18 da Lei n. 7.347/85, sob o fundamento de que a jurisprudência do Superior do Tribunal de Justiça teria ficado pacificada em sentido contrário à tese do Ministério Público. Alude às decisões monocráticas proferidas nas Reclamações n. 10.428/RS, da relatoria da Ministra Ellen Gracie, e n. 10.721/RS, da relatoria da Ministra Cármen Lúcia, nas quais haveria sido adotada a óptica que defende.

Postula a concessão de liminar para suspender o acórdão formalizado no aludido agravo de instrumento.

No mérito, busca a cassação do ato.

2. O artigo 18 da Lei n. 7.347/85 preceitua que, nas ações versadas na referida lei, não haverá adiantamento de custas, emolumentos, honorários periciais e quaisquer outras despesas, nem condenação da associação autora, salvo comprovada má-fé, em honorários de advogado, custas e despesas processuais. A Câmara Cível do Tribunal de Justiça do Estado do Acre afastou a incidência do dispositivo e veio a desprover o recurso do Ministério Público estadual. De início, deixou de observar o disposto no artigo 97 da Constituição Federal e retratado no Verbete Vinculante n. 10 da Súmula do Supremo: Viola a cláusula de reserva de plenário (CF, artigo 97) a decisão de órgão fracionário de tribunal que, embora não declare expressamente a inconstitucionalidade de lei ou ato normativo do poder público, afasta sua incidência, no todo ou em parte.

3. Defiro a medida acauteladora pleiteada, para suspender, até o julgamento final desta medida, a exigibilidade do adiantamento dos honorários periciais.

4. Solicitem informações ao Tribunal de Justiça do Estado do Acre, dando conhecimento desta reclamação aos interessados.

5. Vindo ao processo as manifestações ou decorrido o prazo para tanto sem que tenham sido formalizadas, colham o parecer da Procuradoria Geral da República.

6. Publiquem.

O Órgão reclamado, em informações, destaca não haver declarado a inconstitucionalidade do contido no artigo 18 da Lei n. 7.347/85, tendo apenas realçado "a prevalência hierárquica do art. 170, da Constituição Federal."

O Ministério Público Federal argui a ilegitimidade ativa do reclamante, considerada a exclusividade do Procurador Geral da República para atuar perante o Supremo. Opina, no mérito, pela procedência do pedido.

O processo está concluso no Gabinete.

2. De início, assento já haver o Pleno do Tribunal consignado a legitimidade do Ministério Público estadual para formalizar reclamação no Supremo, sendo desnecessária a ratificação pelo Procurador-Geral da República. Precedente: Reclamação n. 7.358/SP, relatora ministra Ellen Gracie. Eis a ementa redigida, publicada no Diário da Justiça eletrônico de 3 de junho de 2011:

> *RECLAMAÇÃO. ILEGITIMIDADE ATIVA DO MINISTÉRIO PÚBLICO ESTADUAL. INICIAL RATIFICADA PELO PROCURADOR-GERAL DA REPÚBLICA. AFASTAMENTO DA INCIDÊNCIA DO ART. 127 DA LEP POR ÓRGÃO FRACIONÁRIO DE TRIBUNAL ESTADUAL. VIOLAÇÃO DA SÚMULA VINCULANTE 9. PROCEDÊNCIA. 1. Inicialmente, entendo que o Ministério Público do Estado de São Paulo não possui legitimidade para propor originariamente Reclamação perante esta Corte, já que incumbe ao Procurador-Geral da República exercer as funções do Ministério Público junto ao Supremo Tribunal Federal, nos termos do art. 46 da Lei Complementar 75/93 (Rcl 4453 MC-AgR-AgR/SE, de minha relatoria, DJe 059, 26.3.2009). 2. Entretanto, a ilegitimidade*

ativa foi corrigida pelo Procurador-Geral da República, que ratificou a petição inicial e assumiu a iniciativa da demanda. 3. Entendimento original da relatora foi superado, por maioria de votos, para reconhecer a legitimidade ativa autônoma do Ministério Público Estadual para propor reclamação. [...]

No mérito, tenho por pertinentes as mesmas razões que veiculei ao deferir a liminar. O Órgão reclamado, ao desprover agravo de instrumento, afastou, com base em parâmetro constitucional, o disposto no artigo 18 da Lei n. 7.347/85. Confiram o teor da ementa do ato impugnado:

> PROCESSO CIVIL. AGRAVO DE INSTRUMENTO. AÇÃO CIVIL PÚBLICA. AUTOR: MINISTÉRIO PÚBLICO. PERITO. AUXILIAR EVENTUAL DA JUSTIÇA. HONORÁRIOS. ADIANTAMENTO. RECURSO IMPROVIDO. Precedente do Superior Tribunal de Justiça: a) "Em relação ao adiantamento das despesas com a prova pericial, a isenção inicial do MP não é aceita pela jurisprudência de ambas as turmas, diante da dificuldade gerada pela adoção da tese. Abandono da interpretação literal para impor ao parquet a obrigação de antecipar honorários de perito, quando figure como autor na ação civil pública. Precedentes. (REsp 891.743/SP, Rel. Ministra Eliana Calmon, Segunda Turma, julgado em 13.10.2009, DJe 4.11.2009)" Precedente deste Órgão Fracionado Cível: b) "Tendo em vista a prevalência hierárquica do art. 170 da Constituição Federal quanto aos arts. 18, da Lei de Ação Civil Pública e 27, do Código de Processo Civil, possibilitando, portanto, o adiantamento de honorários periciais pelo Órgão Ministerial. (TJAC, Câmara Cível, Agravo de Instrumento n. 2009.003726-2, Relatora Desembargadora Eva Evangelista, j. 09 de fevereiro de 2010, Acórdão n. 7.750)" c) Recurso improvido. (Agravo de Instrumento n. 0002083-05.2011.8.01.0000, Primeira Câmara Cível do Tribunal de Justiça do Estado do Acre, relatora desembargadora Eva Evangelista, Diário da Justiça de 12 de dezembro de 2012).

Nota-se, assim, ter olvidado o teor do artigo 97 da Constituição de 1988, retratado no Verbete Vinculante n. 10 da Súmula do Supremo, cuja redação foi transcrita na decisão que implicou o acolhimento do pedido de medida acauteladora.

3. Ante o quadro, julgo procedente o pedido formulado nesta reclamação para cassar o acórdão formalizado no Agravo de Instrumento n. 0002083-05.2011.8.01.0000 pela Primeira Câmara Cível do Tribunal de Justiça do Estado do Acre.

4. Publiquem.[2]

---

[2] Disponível em: <file:///C:/Users/georgenorfilho/Downloads/texto_265618786.pdf>. Acesso em: 17 jan. 2015.

PARTE IV
SERVIÇO PÚBLICO

i

1. CONCURSO PÚBLICO

1.1. "CLÁUSULA DE BARREIRA". CONSTITUCIONALIDADE

A chamada "clausula de barreira", consignada em alguns editais de concurso público, que prevê a eliminação de candidato que, mesmo tendo obtido nota mínima suficiente para aprovação, não tenha sido incluído entre os candidatos correspondentes ao dobro do número de vagas oferecidas, é constitucional. O tema foi objeto do RE 635.739-AL[1], relatado pelo Min. Gilmar Mendes, relativo a concurso para o cargo de Agente da Polícia Civil do Estado de Alagoas.

A ementa do aresto de 19.2.2014 é a seguinte:

> *Recurso Extraordinário. Repercussão Geral. 2. Concurso Público. Edital. Cláusulas de Barreira. Alegação de violação aos arts. 5º, caput, e 37, inciso I, da Constituição Federal. 3. Regras restritivas em editais de concurso público, quando fundadas em critérios objetivos relacionados ao desempenho meritório do candidato, não ferem o princípio da isonomia. 4. As cláusulas de barreira em concurso público, para seleção dos candidatos mais bem classificados, têm amparo constitucional. 5. Recurso extraordinário provido.*[2]

1.2. PORTADOR DE DEFICIÊNCIA

Considerando o disposto no art. 37, n. VIII, da Constituição de 1988, e na Convenção das Nações Unidas sobre os Direitos das Pessoas com Deficiência, de 2007, ratificada pelo Brasil com observância

---

[1] RE 635.739-AL, de 19.2.2014 (Estado de Alagoas *vs.* Savanel Gama Souto). Relator: Min. Gilmar Mendes.

[2] Disponível em: <file:///C:/Users/georgenorfilho/Downloads/texto_264233336.pdf>. Acesso em: 17 jan. 2015.

do *quorum* previsto no art. 5º, § 3º, da Lei Fundamental, foi confirmado o entendimento de que existe garantia de reserva de percentual para portadores de deficiência.

A decisão foi no RMS 32.732-DF[3], de 3.6.2014, sendo relator o Min. Celso de Mello. A ementa é transcrita a seguir:

> *CONCURSO PÚBLICO — PESSOA PORTADORA DE DEFICIÊNCIA — RESERVA PERCENTUAL DE CARGOS E EMPREGOS PÚBLICOS (CF, ART. 37, VIII) — OCORRÊNCIA, NA ESPÉCIE, DOS REQUISITOS NECESSÁRIOS AO RECONHECIMENTO DO DIREITO VINDICADO PELA PESSOA PORTADORA DE DEFICIÊNCIA — ATENDIMENTO, NO CASO, DA EXIGÊNCIA DE COMPATIBILIDADE ENTRE O ESTADO DE DEFICIÊNCIA E O CONTEÚDO OCUPACIONAL OU FUNCIONAL DO CARGO PÚBLICO DISPUTADO, INDEPENDENTEMENTE DE A DEFICIÊNCIA PRODUZIR DIFICULDADE PARA O EXERCÍCIO DA ATIVIDADE FUNCIONAL — INADMISSIBILIDADE DA EXIGÊNCIA ADICIONAL DE A SITUAÇÃO DE DEFICIÊNCIA TAMBÉM PRODUZIR "DIFICULDADES PARA O DESEMPENHO DAS FUNÇÕES DO CARGO" — PARECER FAVORÁVEL DA PROCURADORIA-GERAL DA REPÚBLICA — RECURSO DE AGRAVO IMPROVIDO.*
>
> *PROTEÇÃO JURÍDICO-CONSTITUCIONAL E INTERNACIONAL ÀS PESSOAS VULNERÁVEIS. LEGITIMIDADE DOS MECANISMOS COMPENSATÓRIOS QUE, INSPIRADOS PELO PRINCÍPIO FUNDAMENTAL DA DIGNIDADE PESSOAL (CF, ART. 1º, III), RECOMPÕEM, PELO RESPEITO À ALTERIDADE, À DIVERSIDADE HUMANA E À IGUALDADE DE OPORTUNIDADES, O PRÓPRIO SENTIDO DE ISONOMIA INERENTE ÀS INSTITUIÇÕES REPUBLICANAS.*
>
> *— O tratamento diferenciado em favor de pessoas portadoras de deficiência, tratando-se, especificamente, de acesso ao serviço público, tem suporte legitimador no próprio texto constitucional (CF, art. 37, VIII), cuja razão de ser, nesse tema, objetiva compensar, mediante ações de conteúdo afirmativo, os desníveis e as*

---

[3] RO em MS 32.732-DF, de 3.6.2014 (União vs. Lais Pinheiro de Menezes). Relator: Min. Celso de Mello.

dificuldades que afetam os indivíduos que compõem esse grupo vulnerável. Doutrina.

— A vigente Constituição da República, ao proclamar e assegurar a reserva de vagas em concursos públicos para os portadores de deficiência, consagrou cláusula de proteção viabilizadora de ações afirmativas em favor de tais pessoas, o que veio a ser concretizado com a edição de atos legislativos, como as Leis n. 7.853/89 e n. 8.112/90 (art. 5º, § 2º), e com a celebração da Convenção Internacional das Nações Unidas sobre os Direitos das Pessoas com Deficiência (2007), já formalmente incorporada, com força, hierarquia e eficácia constitucionais (CF, art. 5º, § 3º), ao plano do ordenamento positivo interno do Estado brasileiro.

— Essa Convenção das Nações Unidas, que atribui maior densidade normativa à cláusula fundada no inciso VIII do art. 37 da Constituição da República, legitima a instituição e a implementação, pelo Poder Público, de mecanismos compensatórios destinados a corrigir as profundas desvantagens sociais que afetam as pessoas vulneráveis, em ordem a propiciar-lhes maior grau de inclusão e a viabilizar a sua efetiva participação, em condições equânimes e mais justas, na vida econômica, social e cultural do País.

HERMENÊUTICA E DIREITOS HUMANOS: O PRINCÍPIO DA NORMA MAIS FAVORÁVEL COMO CRITÉRIO QUE DEVE REGER A INTERPRETAÇÃO DO PODER JUDICIÁRIO.

— O Poder Judiciário, no exercício de sua atividade interpretativa, deve prestigiar, nesse processo hermenêutico, o critério da norma mais favorável (que tanto pode ser aquela prevista no tratado internacional de direitos humanos como a que se acha positivada no próprio direito interno do Estado), extraindo, em função desse postulado básico, a máxima eficácia das declarações internacionais e das proclamações constitucionais de direitos, como forma de viabilizar o acesso dos indivíduos e dos grupos sociais, notadamente os mais vulneráveis, a sistemas institucionalizados de proteção aos direitos fundamentais da pessoa humana. Precedentes: HC 93.280/SC, Rel. Min. CELSO DE MELLO, v.g.[4]

---

[4] <file:///C:/Users/georgenorfilho/Downloads/texto_245474005.pdf>. Acesso em: 17 jan. 2015.

2. EMPREGADO PÚBLICO APOSENTADO. REINTEGRAÇÃO

Diversamente do que ocorre na iniciativa privada, onde a aposentadoria não é causa extintiva da relação de emprego, o empregado aposentado não pode ser reintegrado ao emprego público que exerce. Assim ficou decidido na RCL 5.679-SC[1], de 23.4.2014, relatada pelo Min. Gilmar Mendes, *verbis:*

> *Trata-se de reclamação constitucional, com pedido de medida liminar, ajuizada pela Companhia Integrada de Desenvolvimento Agrícola de Santa Catarina (CIDASC), contra decisão do Juízo da 4ª Vara do Trabalho de Criciúma/SC, nos autos da reclamação trabalhista n. 02836-2007-055-12-00-6.*
>
> *A referida decisão concedeu tutela antecipada, determinando a reintegração aos quadros funcionais de empresa da administração indireta de empregado público aposentado espontaneamente.*
>
> *A reclamante, sociedade de economia mista, alega desrespeito à autoridade do acórdão proferido na Ação Direta de Inconstitucionalidade n. 1.770, "que deixou muito claro que a concessão de aposentadoria para empregados de empresas públicas e sociedades de economia mistas não extinguem os contratos de trabalhos, mas é sem dúvida causa impeditiva de um novo vínculo de emprego". (fl. 3)*
>
> *Aduz-se, ainda, que a decisão reclamada permitiu a indevida acumulação de proventos de aposentadoria com vencimento/salário. (fl. 8)*

---

[1] RCL 5.679-SC, de 23.4.2014 (Companhia Integrada de Desenvolvimento Agrícola de Santa Catarina — CIDASC *vs.* Juíza do Trabalho da 4ª Vara do Trabalho de Criciúma (Reclamação Trabalhista n. 02836-2007-055-12-00-6). Intdo.: Pedro Aguiar da Silva). Rel.: Min. Gilmar Mendes.

O min. Cezar Peluso, então relator, concedeu a medida liminar com o seguinte teor:

"Trata-se de reclamação proposta pela Companhia Integrada de Desenvolvimento Agrícola de Santa Catarina — CIDASC, que atribui ao juízo da 4ª Vara da Justiça do Trabalho de Criciúma-SC desrespeito à decisão proferida por esta Corte na ADI n. 1.770.

Sustenta a reclamante que esta Corte "deixou muito claro que a concessão de aposentadoria para empregados de empresas públicas e sociedades de economia mistas não extinguem [sic] os contratos de trabalhos, mas é sem dúvida causa impeditiva à formação de um novo vínculo de emprego, diante da impossibilidade de acumulação de proventos da inatividade com a remuneração paga em razão da continuidade do vínculo empregatício" (fls. 03).

Pede, assim, liminarmente, seja determinada "suspensão da concessão da antecipação de tutela na ação trabalhista n. 02836-2007-055-12-00-6, deferida pela Juíza do Trabalho da 4ª Vara do Trabalho de Criciúma-SC, para evitar dano irreparável à reclamante, uma vez que existem na mesma situação vários outros servidores/empregados" (fls. 08).

2. É caso de liminar.

A decisão reclamada, da lavra do Juízo da 4ª Vara do Trabalho de Criciúma-SC, apesar de, supostamente, considerar a suspensão, por esta Corte, do art. 453 da CLT, com a redação dada pela Lei n. 9.528/97, quando do julgamento de medida cautelar na ADI n. 1.721, (fls. 44-47), utilizou, para determinar a reintegração do empregado aos quadros funcionais da empresa (fls. 44-47), de interpretação diametralmente oposta à que o Supremo Tribunal Federal assentou no julgamento das ADIs n. 1.721 e 1.770.

Naquela oportunidade, o Plenário declarou a inconstitucionalidade dos §§ 1º e 2º do art. 453 da Consolidação das Leis do Trabalho (Informativo STF n. 444) e consolidou o entendimento já firmado no julgamento do RE n. 449.420 (Rel. Min. SEPULVEDA PERTENCE, DJ de 14.10.2005) de *que aposentadoria espontânea não implica, por si só, extinção do contrato de trabalho.*

O reclamante poderia, como o fez, rescindir o contrato firmado com o empregado, com base apenas na desnecessidade de seus serviços. No caso de aposentadoria espontânea de empregados de empresas públicas e sociedades de economia mista, e não é essa a hipótese dos autos, esta Corte vedou a possibilidade de readmissão prevista no § 1º do art. 453 da CLT.

Razão parece não haver, portanto, para que o juízo reclamado determine a reintegração do empregado aos quadros funcionais da empresa, menos ainda com base em interpretação diversa da adotada por esta Corte no julgamento da ADI n.1.721.

Presente, ainda, o periculum in mora, diante da multa arbitrada por dia de descumprimento da decisão.

3. Do exposto, defiro a liminar, para suspender a decisão do juízo da 4ª Vara do Trabalho de Criciúma-SC até o julgamento definitivo da reclamação. Solicitem-se informações às autoridades prolatoras dos atos impugnados (arts. 14, inc. I, da Lei n. 8.038, de 28.05.1990, e 157, do RISTF).

Após, dê-se vista à Procuradoria-Geral da República (arts. 16 da Lei n. 8.038, de 28.5.1990, e 160, do RISTF)."

Ao prestar informações, o Juízo da 4ª Vara do Trabalho de Criciúma argumentou que a CIDASC descumpriu a ADI 1770-4 porque dispensou o trabalhador em face de aposentadoria — o que foi expressamente declarado inconstitucional — ao invés de realizar a dispensa corretamente, com o pagamento dos haveres trabalhistas ao empregado. (fl. 84)

A Procuradoria-Geral da República opinou pela improcedência do pedido. (fls. 118-123)

É o relatório.

Esta Corte, no julgamento da ADI 1.770-4, de relatoria do Min. Joaquim Barbosa, declarou a inconstitucionalidade do § 1º do art. 453 da CLT, com a redação dada pela Lei 9.528/1997, por permitir, como regra, a acumulação de proventos e vencimentos, assim como por fundar-se, erroneamente, na ideia de que a aposentadoria espontânea rompe o vínculo empregatício. Confira-se a ementa do julgado:

> *"AÇÃO DIRETA DE INCONSTITUCIONALIDADE. READMISSÃO DE EMPREGADOS DE EMPRESAS PÚBLICAS E SOCIEDADES DE ECONOMIA MISTA. ACUMULAÇÃO DE PROVENTOS E VENCIMENTOS. EXTINÇÃO DO VÍNCULO EMPREGATÍCIO POR APOSENTADORIA ESPONTÂNEA. NÃO-CONHECIMENTO. INCONSTITUCIONALIDADE. Lei 9.528/1997, que dá nova redação ao § 1º do art. 453 da Consolidação das Leis do Trabalho — CLT —, prevendo a possibilidade de readmissão de empregado de empresa pública e sociedade de economia mista aposentado espontaneamente. Art. 11 da mesma lei, que estabelece regra de transição. Não se conhece de ação direta de inconstitucionalidade na parte que impugna dispositivos cujos efeitos já se exauriram no tempo, no caso, o art. 11 e parágrafos. É inconstitucional o § 1º do art. 453 da CLT, com a redação dada pela Lei 9.528/1997, quer porque permite, como regra, a acumulação de proventos e vencimentos — vedada pela jurisprudência do Supremo Tribunal Federal —, quer porque se funda na idéia de que a aposentadoria espontânea rompe o vínculo empregatício. Pedido não conhecido quanto ao art. 11, e parágrafos, da Lei n. 9.528/1997. Ação conhecida quanto ao § 1º do art. 453 da Consolidação das Leis do Trabalho, na redação dada pelo art. 3º da mesma Lei 9.528/1997, para declarar sua inconstitucionalidade."*

No caso, a decisão reclamada, ao determinar a reintegração do servidor aos quadros funcionais da empresa, sem prejuízo da remuneração e das vantagens que este percebia a título de aposentadoria, contraria a autoridade do precedente citado e da pacífica jurisprudência desta Corte.

Apesar de referir-se ao decidido na ADI 1.770, a decisão impugnada, ao determinar a reintegração do servidor aposentado, possibilitou a acumulação de proventos e vencimentos, cuja vedação se estende às empresas públicas e sociedades de economia mista.

Nesse sentido, confira-se, ainda, trecho do voto do Min. Joaquim Barbosa, no julgamento da ADI 1.770:

> *"Ao menos desde o julgamento do RE 163.204 (rel. Min. Carlos Velloso), a Corte tem decidido, já depois do advento da Constituição de 1988, que é vedada a acumulação de proventos de aposentadoria com vencimentos, a não ser nos casos excepcionalmente previstos no art. 37, XVI e XVII, da Carta. É preciso lembrar que a rationale em que se baseou o Pleno partiu do pressuposto de que a vedação de acumulação também se aplica aos empregados de empresas públicas e sociedades de economia mista — daí porque a explícita referência, na ementa do julgado, ao inciso XVII do art. 37."*

Ademais, ressalte-se que eventual nulidade no ato de dispensa dos empregados públicos deve ser sanada com a determinação dos pagamentos da verbas rescisórias, e não com a reintegração do empregado aos quadros funcionais da empresa que resulte na acumulação inconstitucional de proventos e vencimentos.

Ante o exposto, julgo procedente a reclamação, para confirmar a liminar deferida pelo Min. Cezar Peluso, e cassar definitivamente a reintegração do empregado aposentado. (arts. 21, § 1º, e 161, parágrafo único, RISTF).

Publique-se. Int.[2]

---

[2] Disponível em: <http://www.stf.jus.br/portal/processo/verProcessoAndamento.asp?incidente=2578238>. Acesso em: 18 jan. 2015.

3. INCRA. DEMISSÃO. AÇÃO PENAL

É do Min. Luiz Fux a decisão proferida no RMS 28.208-DF[1], a 25.2.2014, que afastou a penalidade administrativa de demissão aplicada a servidor do Instituto Nacional de Colonização e Reforma Agrária (INCRA) sob a alegação de ter facilitado a obtenção de certidões para que uma empresa pudesse participar de licitação. No entendimento do relator, a penalidade foi desproporcional, máxime porque o servidor foi absolvido em ação penal pelos mesmos fatos. A ementa do aresto é a seguinte:

RECURSO ORDINÁRIO EM MANDADO DE SEGURANÇA. DIREITO ADMINISTRATIVO. SERVIDOR PÚBLICO. PROCESSO ADMINISTRATIVO. ALEGAÇÃO DE CERCEAMENTO DE DEFESA. IMPROCEDÊNCIA. AUSÊNCIA DE COMPROVAÇÃO DE PREJUÍZO. PENA DE DEMISSÃO. IMPOSIÇÃO. NÃO OBSERVÂNCIA DOS PRINCÍPIOS DA RAZOABILIDADE E DA PROPORCIONALIDADE. ABSOLVIÇÃO DO RECORRENTE NO ÂMBITO PENAL. PENALIDADE DESCONSTITUÍDA. RECURSO PROVIDO.

1. Os princípios da razoabilidade e da proporcionalidade devem nortear a Administração Pública como parâmetros de valoração de seus atos sancionatórios, por isso que a não observância dessas balizas justifica a possibilidade de o Poder Judiciário sindicar decisões administrativas.

2. A Lei 9.784/1999 dispõe que "Art. 2º A Administração Pública obedecerá, dentre outros, aos princípios da legalidade, finalidade, motivação, razoabilidade, proporcionalidade, moralidade, ampla defesa, contraditório, segurança jurídica, interesse público e eficiência".

---

[1] RMS 28.208-DF, de 25.2.2014 (Ermino Moraes Pereira *vs.* União). Rel.: Min. Luiz Fux.

3. O cerceamento de defesa é inexistente, em face de ato de presidente da comissão que indefere pedidos que, a seu critério, não influem para o esclarecimento dos fatos, mercê de não demonstrado o eventual prejuízo alegado.

4. In casu:

a) A Comissão Disciplinar sugeriu a aplicação de uma pena de suspensão pelo prazo de 90 dias;

b) O ato administrativo fundou-se no fato de que "67- Também ficou comprovado o envolvimento do indiciado Ermino Moraes Pereira, ocupante do cargo de Assistente de Administração, SIAPE n. 07071912, residente e domiciliado na Cidade Nova VI, WE n. 46-B, n. 371, no Município de Ananindeua-Pa, nas irregularidades, por ter auxiliado a empresa ACTT na liberação de certidões junto a Superintendência Regional do INCRA do Pará, bem como por não ter levado ao conhecimento da autoridade competente que a empresa ACTT era gerida e funcionava na casa do servidor Jorge Bartolomeu Pereira Barbosa. 68- O servidor em questão também foi denunciado pelo Ministério Público Federal, pois é réu no Processo Judicial n. 2006.39.02.000204-4, verbis: [...] A seu turno, ERMINO MORAES PEREIRA, vulgo Chumbinho, exercia importante papel na liberação dos documentos, em favor de interessados na aquisição de cadastros de terras públicas, dada a inegável influência exercida perante o corpo de servidores do INCRA em Belém, mesmo estando afastado de suas atribuições originais, em virtude de ter sido cedido à assessoria de imprensa do deputado federal Jose Priante";

c) Embora seja reiterada nesta Corte a orientação no sentido da independência das instâncias penal e administrativa, e de que aquela só repercute nesta quando conclui pela inexistência do fato ou pela negativa de sua autoria (MS 21.708, rel Min. Maurício Corrêa, DJ 18.8.01, MS 22.438, rel. Min. Moreira Alves, DJ 6.2.98), não se deve ignorar a absolvição do recorrente na Ação Penal n. 2006.39.02.00204-0, oriunda do Processo Administrativo Disciplinar n. 54100.001143/2005-52, sob a justificativa de falta de provas concretas para condenação do recorrente, a qual merece a transcrição, in verbis: "Neste ato, ABSOLVO os réus ALMIR DE LIMA BRANDÃO, ERMINO MORAES PEREIRA e JOSÉ OSMANDO FIGUEIREDO, por inexistir prova bastante de seu concurso para a prática da infração penal (art. 386, inc. V, CPP), consoante fundamentação";

d) É consabido incumbir ao agente público, quando da edição dos atos administrativos, demonstrar a pertinência dos motivos arguidos aos fins a que o ato se destina (Celso Antônio Bandeira de Mello — RDP90/64);

e) Consoante disposto no artigo 128 da Lei n. 8.112/90, na aplicação da sanção ao servidor devem ser observadas a gravidade do ilícito disciplinar, a culpabilidade do servidor, o dano causado ao erário, as circunstâncias agravantes ou atenuantes e os antecedentes funcionais. Em outras palavras, a referida disposição legal impõe ao administrador a observância dos postulados da proporcionalidade e da razoabilidade na aplicação de sanções;

f) A absolvição penal, que, in casu, ocorreu, nem sempre vincula a decisão a ser proferida no âmbito administrativo disciplinar, sendo certo que não há comprovação, no caso sub judice, da prática de qualquer falta residual de gravidade ímpar capaz de justificar a sua demissão;

g) Na hipótese dos autos, conforme o relatório do Processo Administrativo Disciplinar, o recorrente teria, supostamente, facilitado a liberação de documentos aos interessados na aquisição de cadastros de terras públicas, em razão de sua influência, mesmo estando afastado de suas atribuições originárias;

h) Mercê de o delito acima, que é grave, não ter sido comprovado no âmbito Penal, não se tem notícia da prática de outros atos irregulares por parte do recorrente, podendo-se afirmar que se trata de servidor público possuidor de bons antecedentes, além de detentor de largo tempo de serviço prestado ao Poder Público;

i) Ex positis, dou provimento ao presente recurso ordinário em mandado de segurança para desconstituir a pena de demissão cominada a Ermino Moraes Pereira e determinar sua imediata reintegração ao quadro do Instituto Nacional de Colonização e Reforma Agrária — INCRA.

5. Recurso ordinário em mandado de segurança provido para desconstituir a penalidade de demissão imposta ao ora recorrente.[2]

---

[2] Disponível em: <http://www.stf.jus.br/portal/processo/verProcessoAndamento.asp?incidente=8154>. Acesso em: 18 jan. 2015.

4. JUIZ DO TRABALHO. REMOÇÃO. AJUDA DE CUSTO

O tema discutido pela 2ª Turma do STF, na AO 1.656-DF[1], é relativo ao direito de magistrado do trabalho de perceber ajuda de custo para transporte e mudança, em decorrência de remoção a pedido. A relatora, Min. Carmem Lúcia, reconheceu direito ao Juiz do Trabaho Substituto à percepção dessa ajuda, no julgamento ocorrido a 5.8.2014, cuja ementa é a seguinte:

> *Ação originária. Ajuda de custo. Art. 65, inc. I, da Lei Complementar n. 35/1979. Extensão. Interesse de toda a magistratura. Competência do Supremo Tribunal Federal. Art. 102, inc. I, alínea n, da Constituição da República. Decisões do Conselho Nacional de Justiça. Remoção a pedido. Juiz substituto. Reconhecimento do direito à indenização. Aplicação subsidiária das normas que regem o pagamento da ajuda de custo aos servidores públicos civis. Fixação do* quantum *devido em múltiplos de subsídios. Indeferimento da extensão administrativa dessas decisões. Denegação de pedido de ajuda de custo formulado por juiz substituto. Dano moral. Alegada discriminação ilegal. Inocorrência. Impossibilidade de retroação administrativa de novo entendimento (art. 2º, inc. XIII, da Lei n. 9.784/1999). Qualificação dos sogros como dependentes do magistrado para fins ajuda de custo. Inviabilidade. Remoção a pedido para comarca de mesma entrância. Movimentação territorial realizada para atender Interesse do serviço. Indenização devida. Ação julgada parcialmente procedente.*[2]

---

[1] AO 1.656-DF, de 5.8.2014 (Alcir Kenupp Cunha *vs.* União). Rel.: Min. Cármen Lúcia.
[2] Disponivel em: <http://www.stf.jus.br/portal/processo/verProcessoAndamento.asp?incidente=3998636>. Acesso em: 18 jan. 2015.

5. PROFESSOR. AUSÊNCIA DE CONCURSO. INCONSTITUCIONALIDADE

Julgando a ADIn 4.876-DF[1], em 26.3.2014, a Suprema Corte declarou a inconstitucionalidade de dispositivos da Lei Complementar n. 100/2007, do Estado de Minas Gerais, que promovia a investidura de profissionais da área de educação em cargos públicos efetivos sem a realização de concurso público, contrariando o art. 37, n. II, da Constituição da República.

Relatado pelo Min. Dias Toffoli, o aresto possui a seguinte ementa:

Ação direta de inconstitucionalidade. Artigo 7º da Lei Complementar n. 100/2007 do Estado de Minas Gerais. Norma que tornou titulares de cargos efetivos servidores que ingressaram na administração pública sem concurso público, englobando servidores admitidos antes e depois da Constituição de 1988. Ofensa ao art. 37, inciso II, da Constituição Federal, e ao art. 19 do Ato das Disposições Constitucionais Transitórias. Modulação dos efeitos. Procedência parcial.

1. Desde a Constituição de 1988, por força do seu art. 37, inciso II, a investidura em cargo ou emprego público depende da prévia aprovação em concurso público. As exceções a essa regra estão taxativamente previstas na Constituição. Tratando-se, no entanto, de cargo efetivo, a aprovação em concurso público se impõe.

2. O art. 19 do Atos das Disposições Constitucionais Transitórias tornou estáveis os servidores que estavam em exercício há pelo menos cinco anos na data da promulgação da Constituição

---

[1] ADIn 4.876-DF, de 26.3.2014 (Ministério Público Federal. Intdos.: Governador do Estado de Minas Gerais e Assembleia Legislativa do Estado de Minas Gerais. Am. Curiae.: Associação de Professores Públicos de Minas Gerais — APPMG. Rel.: Min. Dias Toffoli.

de 1988. A estabilidade conferida por essa norma não implica a chamada efetividade, que depende de concurso público, nem com ela se confunde. Tal dispositivo é de observância obrigatória pelos estados. Precedentes: ADI n. 289/CE, Relator o Ministro Sepúlveda Pertence, Tribunal Pleno, DJ de 16.3.07; RE n. 199.293/SP, Relator o Ministro Marco Aurélio, Tribunal Pleno, DJ de 6.8.04; ADI n. 243/RN-MC, Relator o Ministro Maurício Corrêa, Tribunal Pleno, DJ de 24.8.01; RE n. 167635/PA, Relator o Ministro Maurício Corrêa, Segunda Turma, DJ de 7.2.97.

3. Com exceção do inciso III (que faz referência a servidores submetidos a concurso público), os demais incisos do art. 7º da Lei Complementar n. 100, de 2007, do Estado de Minas Gerais tornaram titulares de cargo efetivo servidores que ingressaram na Administração Pública com evidente burla ao princípio do concurso público (art. 37, II, CF/88).

*4. Modulação dos efeitos da declaração de inconstitucionalidade, nos termos do art. 27 da Lei n. 9.868/99, para, **i)** em relação aos cargos para os quais não haja concurso público em andamento ou com prazo de validade em curso, dar efeitos prospectivos à decisão, de modo a somente produzir efeitos a partir de doze meses, contados da data da publicação da ata de julgamento, tempo hábil para a realização de concurso público, a nomeação e a posse de novos servidores, evitando-se, assim, prejuízo à prestação de serviços públicos essenciais à população; **ii)** quanto aos cargos para os quais exista concurso em andamento ou dentro do prazo de validade, a decisão deve surtir efeitos imediatamente. Ficam, ainda, ressalvados dos efeitos da decisão (a) aqueles que já estejam aposentados e aqueles servidores que, até a data de publicação da ata deste julgamento, tenham preenchido os requisitos para a aposentadoria, exclusivamente para efeitos de aposentadoria, o que não implica efetivação nos cargos ou convalidação da lei inconstitucional para esses servidores, uma vez que a sua permanência no cargo deve, necessariamente, observar os prazos de modulação acima; (b) os que foram nomeados em virtude de aprovação em concurso público, imprescindivelmente, no cargo* *para o qual foram aprovados; e (c) a estabilidade adquirida pelos servidores que cumpriram os requisitos previstos no art. 19 do ADCT da Constituição Federal.*

5. Ação direta julgada parcialmente procedente.[2]

---

[2] Disponível em: <http://www.stf.jus.br/portal/processo/verProcessoAndamento.asp?incidente=4332889>. Acesso em: 18 jan. 2015.

6. SERVIDOR PÚBLICO

6.1. TRANSFERÊNCIA. MATRÍCULA EM UNIVERSIDADE

Ao apreciar a RCL 11.920-SP[1], em 12.3.2014, o Min. Teori Zavascki reconheceu direito à matrícula em universidade pública de uma estudante cujo pai, servidor público, havia sido removido de Estado, e a transferência que lhe sido negada pela referida instituição de ensino superior. A decisão, de grande alcance, é a seguinte:

> 1. Trata-se de reclamação contra ato da Universidade de São Paulo (USP), que indeferiu pedido de matrícula junto à instituição de ensino. Na origem, a ora reclamante requereu no âmbito administrativo a transferência, para a USP, da regular matrícula que possuía no curso de Direito da Universidade de Brasília (UnB). Isso porque o pai, Procurador da Fazenda Nacional, fora removido, ex officio, para a Procuradoria Regional da Fazenda Nacional da 3ª Região, para ocupar a função de Chefe de Divisão naquela unidade (págs. 39 e 46 do arquivo 'Instrução — Docs. 1 a 14, indicados na inicial').
>
> Alega a reclamante, em síntese, que o ato reclamado teria desrespeitado a autoridade da decisão desta Corte proferida no julgamento da ADI 3.324 (Rel. Min. Marco Aurélio, Pleno, DJ de 17.11.2006). Isso porque, na ação direta, a Corte não teria estabelecido distinção entre os sistemas públicos de ensino, impedindo apenas que as instituições públicas de ensino superior fossem obrigadas a receber alunos de universidades privadas.
>
> O Ministro Ayres Britto deferiu a liminar, para autorizar a matrícula da reclamante. Em parecer, a Procuradoria-Geral da República opinou pela procedência da reclamação.

---

[1] RCL 11.920-SP, de 12.3.2014 (Marina Piraja Soares Wienskosk vs. Diretor da Faculdade de Direito da Universidade de São Paulo — USP) Rel.: Min. Teori Zavascki.

2. O cabimento da reclamação, instituto jurídico de natureza constitucional, deve ser aferido nos estritos limites das normas de regência, que só a concebem para preservação da competência do Tribunal e para garantia da autoridade de suas decisões (art. 102, I, l, CF/88), bem como contra atos que contrariem ou indevidamente apliquem súmula vinculante (art. 103-A, § 3º, CF/88).

O caso revela desrespeito ao comando normativo da ADI 3.324. Inicialmente, oportuna a transcrição do dispositivo impugnado na ação direta (art. 1º da Lei 9.536/1997):

> A transferência ex officio a que se refere o parágrafo único do art. 49 da Lei n. 9.394, de 20 de dezembro de 1996, será efetivada, entre instituições vinculadas a qualquer sistema de ensino, em qualquer época do ano e independente da existência de vaga, quando se tratar de servidor público federal civil ou militar estudante, ou seu dependente estudante, se requerida em razão de comprovada remoção ou transferência de ofício, que acarrete mudança de domicílio para o município onde se situe a instituição recebedora, ou para localidade mais próxima desta.

O acórdão da ação direta ficou assim ementado, no que importa:

> UNIVERSIDADE — TRANSFERÊNCIA OBRIGATÓRIA DE ALUNO — LEI N. 9.536/97. A constitucionalidade do artigo 1º da Lei n. 9.536/97, viabilizador da transferência de alunos, pressupõe a observância da natureza jurídica do estabelecimento educacional de origem, a congeneridade das instituições envolvidas — de privada para privada, de pública para pública —, mostrando-se inconstitucional interpretação que resulte na mesclagem — de privada para pública.

Verifica-se, conforme a ementa revela, que, nas transferências obrigatórias de estudantes, o que importa para efeito compatibilidade entre as instituições sujeitas ao recebimento de alunos que sejam funcionários públicos civis ou militares removidos ex officio, ou dos dependentes destes, é o caráter público ou privado das universidades.

Consta do dispositivo do voto do relator, acompanhado de forma unânime pelo Plenário:

Julgo-o [o pedido] procedente, para, sem redução do texto do artigo 1º da Lei n. 9.536, de 11 de dezembro de 1997, assentar-lhe a inconstitucionalidade, no que se lhe empreste o alcance de permitir a mudança, nele disciplinada, de instituição particular para pública, encerrando a cláusula 'entre instituições vinculadas a qualquer sistema de ensino' a observância da natureza privada ou pública daquela de origem, viabilizada a matrícula na congênere. Em síntese, dar-se-á a matrícula, segundo o artigo 1º da Lei n. 9.536/97, em instituição privada, se assim o for a de origem, e em pública, caso o servidor ou dependente for egresso de instituição pública.

Assim, conflita com o conteúdo decisório da ADI 3.324 a conclusão que a Universidade de São Paulo insiste em adotar, mesmo após o julgamento de ação direta de inconstitucionalidade sobre a questão, no sentido de que as universidades públicas estaduais não estariam obrigadas a acolher matrículas de funcionários públicos federais removidos de ofício, ou de seus dependentes, mesmo que egressos de instituições públicas (pág. 50 do arquivo eletrônico 'Instrução — Docs. 1 a 14, indicados na inicial'). O desrespeito à autoridade da decisão desta Corte se revela, portanto, ao ser criada restrição não constante do texto da lei, tampouco da interpretação que esta Corte lhe atribuiu, porque, conforme demonstrado, apenas a transferência entre universidades privadas e públicas foram consideradas incompatíveis com a Constituição da República.

3. Ante o exposto, julgo procedente a reclamação, para cassar a decisão proferida pela Universidade de São Paulo e determinar a efetivação da matrícula de Marina Pirajá Soares Wienskoski.

Publique-se. Intime-se.[2]

---

[2] Disponível em: <http://www.stf.jus.br/portal/processo/verProcessoAndamento.asp?incidente=4099745>. Acesso em: 18 jan. 2015.

6.2. VENCIMENTO. LIMITE. TETO CONSTITUCIONAL

Ao exame do RE 609.381-GO[3], a 2.10.2014, o STF entendeu que a regra do teto remuneratório dos servidores públicos, objeto da Emenda Constitucional n. 41/2003, tem eficácia imediata, admitindo a redução de vencimentos dos que recebem acima do limite constitucional. O relator foi o Min. Teori Zavascki e a ementa do aresto é a seguinte:

> CONSTITUCIONAL E ADMINISTRATIVO. TETO DE RETRIBUIÇÃO. EMENDA CONSTITUCIONAL 41/03. EFICÁCIA IMEDIATA DOS LIMITES MÁXIMOS NELA FIXADOS. EXCESSOS. PERCEPÇÃO NÃO RESPALDADA PELA GARANTIA DA IRREDUTIBILIDADE.
>
> 1. O teto de retribuição estabelecido pela Emenda Constitucional 41/03 possui eficácia imediata, submetendo às referências de valor máximo nele discriminadas todas as verbas de natureza remuneratória percebidas pelos servidores públicos da União, Estados, Distrito Federal e Municípios, ainda que adquiridas de acordo com regime legal anterior.
>
> 2. A observância da norma de teto de retribuição representa verdadeira condição de legitimidade para o pagamento das remunerações no serviço público. Os valores que ultrapassam os limites pré-estabelecidos para cada nível federativo na Constituição Federal constituem excesso cujo pagamento não pode ser reclamado com amparo na garantia da irredutibilidade de vencimentos.
>
> 3. A incidência da garantia constitucional da irredutibilidade exige a presença cumulativa de pelo menos dois requisitos: (a) que o padrão remuneratório nominal tenha sido obtido conforme o direito, e não de maneira ilícita, ainda que por equívoco da Administração Pública; e (b) que o padrão remuneratório nominal esteja compreendido dentro do limite máximo pré-definido pela

---

[3] RE 609.381-GO, de 2.10.2014 (Estado de Goiás, Anthony Jefferson Soares Frazão e Outro (a/s). Am. Curiae: Distrito Federal e Estados do Amazonas, Pará, São Paulo, Rio Grande do Sul, Roraima, Acre, Pernambuco, Alagoas, Ceará, Santa Catarina, Espírito Santo, Rondônia, Rio de Janeiro, Paraíba, Minas Gerais, Mato Grosso, Piauí, Sergipe, Mato Grosso do Sul, Bahia, Paraná, Tocantins, Amapá, Maranhão e Rio Grande do Norte, União, Sindicato dos Funcionários Fiscais do Estado do Amazonas — SINDIFISCO, Auta de Amorim Gagliardi Madeira) Rel.: Teori Zavascki.

Constituição Federal. O pagamento de remunerações superiores aos tetos de retribuição de cada um dos níveis federativos traduz exemplo de violação qualificada do texto constitucional.

4. Recurso extraordinário provido.[4]

---

[4] Disponível em: <file:///C:/Users/georgenorfilho/Downloads/texto_288230706.pdf>. Acesso em: 20 jan. 2015.

PARTE V
PREVIDÊNCIA SOCIAL

1. APOSENTADORIA ESPECIAL. USO DE EPI

Importante no que refere à saude do trabalhador e sua aposentadoria especial face condições inadequadas de trabalho, foi a decisão tomada no julgamento do ARE 664.335-SC[1], em 4.12.2014, relatado pelo Min. Luiz Fux, quando o STF decidiu que o uso de EPI pode afastar esse direito previdenciário, se efetivamente neutralizar a nocividade do trabalho. Ficou assentado também que *na hipótese de exposição do trabalhador a ruído acima dos limites legais de tolerância, a declaração do empregador no âmbito do Perfil Profissiográfico Previdenciário (PPP), no sentido da eficácia do Equipamento de Proteção Individual (EPI), não descaracteriza o tempo de serviço especial para a aposentadoria*[2]. Ainda não há acórdão, mas a certidão de julgamento registra:

> *O Tribunal, por unanimidade, negou provimento ao recurso extraordinário. Reajustou o voto o Ministro Luiz Fux (Relator). O Tribunal, por maioria, vencido o Ministro Marco Aurélio, que só votou quanto ao desprovimento do recurso, assentou a tese segundo a qual o direito à aposentadoria especial pressupõe a efetiva exposição do trabalhador a agente nocivo a sua saúde, de modo que, se o Equipamento de Proteção Individual (EPI) for realmente capaz de neutralizar a nocividade, não haverá respaldo constitucional à aposentadoria especial. O Tribunal, também por maioria, vencidos os Ministros Marco Aurélio e Teori Zavascki, assentou ainda a tese*

---

[1] ARE 664.335-SC, de 4.12.2014 (Instituto Nacional do Seguro Social — *INSS* vs, Antonio Fagundes, Am. Curiae.: Confederação Brasileira de Aposentados e Pensionistas — COBAP, União, Instituto Brasileiro de Direito Previdenciário — IBDP, Sindicato dos Trabalhadores nas Indústrias Siderúrgicas, Metalúrgicas, Mecânicas, de Material Elétrico e Eletrônico e Indústria Naval de Cubatão, Santos, S.Vicente, Guarujá, Praia Grande, Bertioga, Mongaguá, Itanhaém, Peruíbe e S.Sebastião, Sindicato dos Trabalhadores no Comércio de Minérios, Derivados de Petróleo e Combustíveis de Santos e Região, Sindicato dos Trabalhadores nas Indústrias do Papel, Papelão e Cortiça de Mogi das Crues, Suzano, Poá e Ferraz de Vasconcelos). Rel.: Luiz Fux.

[2] Disponivel em: <http://www.stf.jus.br/portal/cms/verNoticiaDetalhe.asp?id Conteudo=281259>. Acesso em: 8 dez. 2014.

de que, na hipótese de exposição do trabalhador a ruído acima dos limites legais de tolerância, a declaração do empregador, no âmbito do Perfil Profissiográfico Previdenciário (PPP), da eficácia do Equipamento de Proteção Individual (EPI), não descaracteriza o tempo de serviço especial para aposentadoria. Ausente, justificadamente, o Ministro Dias Toffoli. Presidiu o julgamento o Ministro Ricardo Lewandowski. Plenário, 4.12.2014.[3]

---

[3] Disponível em: <http://www.stf.jus.br/portal/processo/verProcessoAndamento.asp?incidente=4170732>. Acesso em: 20 jan. 2015.

2. APOSENTADORIA POR INVALIDEZ. PROVENTO INTEGRAIS. ESPECIFICAÇÃO DA DOENÇA EM LEI

O Excelso Pretório, por unanimidade, firmou entendimento no sentido de que o direito à aposentadoria por invalidez, com proventos integrais, pressupõe que a doença esteja especificada em lei. Foi o que ficou decidido no julgamento do RE 656.860-MT[1], de 21.8.2014, da relatoria do Min. Teori Zavascki, assim ementado:

> *CONSTITUCIONAL. ADMINISTRATIVO. SERVIDOR PÚBLICO. APOSENTADORIA POR INVALIDEZ COM PROVENTOS INTEGRAIS. ART. 40, § 1º, I, DA CF. SUBMISSÃO AO DISPOSTO EM LEI ORDINÁRIA.*
>
> *1. O art. 40, § 1º, I, da Constituição Federal assegura aos servidores públicos abrangidos pelo regime de previdência nele estabelecido o direito a aposentadoria por invalidez com proventos proporcionais ao tempo de contribuição. O benefício será devido com proventos integrais quando a invalidez for decorrente de*

---

[1] RE 656.860-MT, de 21.8.2014 (Estado de Mato Grosso vs. Regina Auxiliadora de Almeida Campos. *Am. Curiae*: Federação das Entidades Representativas dos Oficiais de Justiça Estaduais do Brasil — FOJEBRA, Sindicato Nacional dos Servidores do Ministério Público da União e do Conselho Nacional do Ministério Público — SINASEMPU, Federação Nacional das Associações dos Oficiais de Justiça Avaliadores Federais — FENASSOJAF, Sindicato dos Trabalhadores do Poder Judiciário Federal na Bahia — SINDIJUFE-BA, Sindicato dos Servidores do Poder Judiciário Federal em Goiás — SINJUFEGO, Sindicato dos Servidores Públicos Federais da Justiça do Trabalho da 15ª Região — SINDIQUINZE, Sindicato dos Servidores do Poder Judiciário Federal no Estado do Espírito Santo — SINPOJUFES, Sindicato dos Servidores da Justiça Federai no Estado do Rio de Janeiro — SISEJUFE/RJ, Sindicato dos Trabalhadores do Poder Judiciário no Estado de Minas Gerais — SITRAEMG, Associação dos Oficiais de Justiça Avaliadores Federais na Justiça do Trabalho da 15ª Região — ASSOJAF-15, Associação dos Oficiais de Justiça Avaliadores no Estado do Rio Grande do Sul — ASSOJAF/RS, Sindicato Nacional dos Analistas Tributários da Receita Federal do Brasil — SINDIRECEITA e União). Relator: Min. Teori Zavascki.

acidente em serviço, moléstia profissional ou doença grave, contagiosa ou incurável, "na forma da lei".

2. Pertence, portanto, ao domínio normativo ordinário a definição das doenças e moléstias que ensejam aposentadoria por invalidez com proventos integrais, cujo rol, segundo a jurisprudência assentada pelo STF, tem natureza taxativa.

3. Recurso extraordinário a que se dá provimento.[2]

---

[2] Disponivel em: <http://www.stf.jus.br/portal/processo/verProcessoAndamento.asp?incidente=4140072>. Acesso em: 20 jan. 2015.

3. BENEFÍCIO PREVIDENCIÁRIO

3.1. CONCESSÃO. AÇÃO JUDICIAL

O Pleno do STF deu parcial provimento ao RE 631.240-MG[3], em 3.9.2014, com repercussão geral reconhecida, em que o Instituto Nacional do Seguro Social (INSS) defendia a exigência de prévio requerimento administrativo antes de o segurado recorrer à Justiça para a concessão de benefício previdenciário. A Suprema Corte, por maioria, firmou entendimento de que a exigência não fere a garantia de livre acesso ao Judiciário, previsto no art. 5º, n. XXXV, da Constituição, porque sem pedido administrativo anterior, não fica caracterizada lesão ou ameaça de direito. A relatoria coube ao Min. Luiz Roberto Barroso, estando assim ementado o aresto:

> *RECURSO EXTRAORDINÁRIO. REPERCUSSÃO GERAL. PRÉVIO REQUERIMENTO ADMINISTRATIVO E INTERESSE EM AGIR.*
>
> *1. A instituição de condições para o regular exercício do direito de ação é compatível com o art. 5º, XXXV, da Constituição. Para se caracterizar a presença de interesse em agir, é preciso haver necessidade de ir a juízo.*
>
> *2. A concessão de benefícios previdenciários depende de requerimento do interessado, não se caracterizando ameaça ou lesão a direito antes de sua apreciação e indeferimento pelo INSS, ou se excedido o prazo legal para sua análise. É bem de ver, no entanto, que a exigência de prévio requerimento não se confunde com o exaurimento das vias administrativas.*

---

[3] RE 631.240-MG, de 3.9.2014 (Instituto Nacional do Seguro Social — INSS vs. Marlene de Araújo Santos. *Am. Curiae*: União, Defensoria Pública-Geral da União e Instituto Brasileiro de Direito Previdenciário — IBDP). Relator: Min. Roberto Barroso.

3. A exigência de prévio requerimento administrativo não deve prevalecer quando o entendimento da Administração for notória e reiteradamente contrário à postulação do segurado.

4. Na hipótese de pretensão de revisão, restabelecimento ou manutenção de benefício anteriormente concedido, considerando que o INSS tem o dever legal de conceder a prestação mais vantajosa possível, o pedido poderá ser formulado diretamente em juízo — salvo se depender da análise de matéria de fato ainda não levada ao conhecimento da Administração —, uma vez que, nesses casos, a conduta do INSS já configura o não acolhimento ao menos tácito da pretensão.

5. Tendo em vista a prolongada oscilação jurisprudencial na matéria, inclusive no Supremo Tribunal Federal, deve-se estabelecer uma fórmula de transição para lidar com as ações em curso, nos termos a seguir expostos.

6. Quanto às ações ajuizadas até a conclusão do presente julgamento (3.9.2014), sem que tenha havido prévio requerimento administrativo nas hipóteses em que exigível, será observado o seguinte: (i) caso a ação tenha sido ajuizada no âmbito de Juizado Itinerante, a ausência de anterior pedido administrativo não deverá implicar a extinção do feito; (ii) caso o INSS já tenha apresentado contestação de mérito, está caracterizado o interesse em agir pela resistência à pretensão; (iii) as demais ações que não se enquadrem nos itens (i) e (ii) ficarão sobrestadas, observando-se a sistemática a seguir.

7. Nas ações sobrestadas, o autor será intimado a dar entrada no pedido administrativo em 30 dias, sob pena de extinção do processo. Comprovada a postulação administrativa, o INSS será intimado a se manifestar acerca do pedido em até 90 dias, prazo dentro do qual a Autarquia deverá colher todas as provas eventualmente necessárias e proferir decisão. Se o pedido for acolhido administrativamente ou não puder ter o seu mérito analisado devido a razões imputáveis ao próprio requerente, extingue-se a ação. Do contrário, estará caracterizado o interesse em agir e o feito deverá prosseguir.

8. Em todos os casos acima — itens (i), (ii) e (iii) —, tanto a análise administrativa quanto a judicial deverão levar em conta a data do início da ação como data de entrada do requerimento, para todos os efeitos legais.

9. Recurso extraordinário a que se dá parcial provimento, reformando-se o acórdão recorrido para determinar a baixa dos autos ao juiz de primeiro grau, o qual deverá intimar a autora — que alega ser trabalhadora rural informal — a dar entrada no pedido administrativo em 30 dias, sob pena de extinção. Comprovada a postulação administrativa, o INSS será intimado para que, em 90 dias, colha as provas necessárias e profira decisão administrativa, considerando como data de entrada do requerimento a data do início da ação, para todos os efeitos legais. O resultado será comunicado ao juiz, que apreciará a subsistência ou não do interesse em agir.[4]

3.2. ÍNDICE DE REAJUSTE

O STF manteve o entendimento de que são válidos os índices fixados em normas que reajustaram benefícios pagos pelo Instituto Nacional do Seguro Social (INSS). Segundo decidiu o Excelso Pretório, os índices adotados entre os anos de 1997 e 2003 foram superiores ao Índice Nacional de Preços ao Consumidor (INPC), não se podendo, em consequência, cogitar de violação do art. 201, § 4º, da Lei Fundamental, que garante a manutenção do valor real do benefício. A decisão foi tomada no ARE 808107-PE[5], em 22.5.2014, sendo relator o Min. Teori Zavascki. A ementa do aresto é a seguinte:

> *PREVIDENCIÁRIO. REAJUSTE DE BENEFÍCIOS. ÍNDICES DE CORREÇÃO MONETÁRIA RELATIVOS AOS ANOS DE 1997, 1999, 2000, 2001, 2002 E 2003. CONSTITUCIONALIDADE. PERCENTUAIS SUPERIORES AO ÍNDICE NACIONAL DE PREÇOS AO CONSUMIDOR (INPC). REPERCUSSÃO GERAL CONFIGURADA. REAFIRMAÇÃO DA JURISPRUDÊNCIA.*

---

[4] Disponível em: <http://www.stf.jus.br/portal/processo/verProcessoAndamento.asp?incidente=3966199>. Acesso em: 20 jan. 2015.

[5] ARE 808.107-PE, de 22.5.2014 (Jaciara Correia Cervino *vs.* Instituto Nacional do Seguro Social — INSS). Relator Min. Teori Zavascki.

1. O Plenário do Supremo Tribunal Federal, no julgamento do RE 376.846, rel. Min. CARLOS VELLOSO, DJ de 2.4.2004, afastou a alegação de inconstitucionalidade das normas que fixaram os índices de correção monetária de benefícios previdenciários empregados nos reajustes relativos aos anos de 1997, 1999, 2000 e 2001, que foram de um modo geral superiores ao INPC e observaram os comandos normativos de regência.

2. Tratando-se de situações semelhantes, os mesmos fundamentos são inteiramente aplicáveis aos índices de reajuste relativos aos anos de 2002 e 2003.

3. Incabível, em recurso extraordinário, apreciar violação ao art. 5º, XXXV e XXXVI, da Constituição Federal, que pressupõe intermediário exame e aplicação das normas infraconstitucionais pertinentes (AI 796.905-AgR/PE, Rel. Min. LUIZ FUX, Primeira Turma, DJe de 21.5.2012; AI 622.814-AgR/PR, Rel. Min. DIAS TOFFOLI, Primeira Turma, DJe de 8.3.2012; ARE 642.062-AgR/RJ, Rel. Min. ELLEN GRACIE, Segunda Turma, DJe de 19.8.2011).

4. Agravo a que se conhece para, desde logo, negar seguimento ao recurso extraordinário, com o reconhecimento da repercussão geral do tema e a reafirmação da jurisprudência sobre a matéria.[6]

---

[6] Disponível em: file:///C:/Users/georgenorfilho/Downloads/texto_241918201.pdf. Acesso em 21.1.2015.

4. DESAPOSENTAÇÃO[1]. VALIDADE

O tema referente à desaposentação e à reaposentação está na ordem do dia do trabalhador brasileiro. Inúmeros casos têm sido verificados no Judiciário e o STF está sedimentando posição no sentido de reconhecer essa justíssima possiilidade para os beneficiários da Previdência Social. Está em julgamento o RE 666.256-SC[2], ajuizado a 19.10.11, suspenso com vistas a um dos membros da Corte. O relator, Min. Luis Roberto Barroso, entende pela validade do instituto, mas ainda não há decisão definitiva. O noticiário a respeito é o seguinte:

Na sessão desta quarta-feira (8), o ministro Luís Roberto Barroso, do Supremo Tribunal Federal (STF), relator do Recurso Extraordinário (RE) 661256, que discute a desaposentação, votou pelo provimento parcial do recurso no sentido de considerar válido o instituto. Em seu entendimento, a legislação é omissa em relação ao tema, não havendo qualquer proibição expressa a que um aposentado do Regime Geral de Previdência Social (RGPS) que tenha continuado a trabalhar pleiteie novo benefício, levando em consideração as novas contribuições. A matéria teve repercussão geral reconhecida.

Após o voto do relator, o julgamento foi suspenso para que a questão seja discutida com o Plenário completo. Na sessão de hoje, três ministros encontravam-se ausentes justificadamente.

O ministro Barroso propôs que, como não há norma legal sobre o assunto, a orientação passe a ser aplicada somente 180 dias após publicação do acórdão do Supremo com o objetivo de possibilitar que os Poderes Legislativo e Executivo, se o desejarem, tenham a possibilidade de regulamentar a matéria.

---

[1] V., a respeito de desaposentação, nesta coletânea, v. 14, p. 111, e v. 15, p. 93.
[2] RE 666.256-SC, de 19.10.2011 (Instituto Nacional de Seguro Social — INSS vs. Valdemar Roncaglio). Rel.: Ministro Roberto Barroso.

"Inexistem fundamentos legais válidos que impeçam a renúncia a aposentadoria concedida pelo Regime Geral da Previdência Social para o fim de requerer um novo benefício, mais vantajoso, tendo em conta contribuições obrigatórias efetuadas em razão de atividade de trabalho realizada após o primeiro vínculo", argumentou.

O relator afirmou que, como o RGPS constitui um sistema fundamentado na contribuição e na solidariedade, não é justo que um aposentado que, voltando a trabalhar, não possa usufruir das novas contribuições. Segundo ele, mantida essa lógica, deixa de haver isonomia entre o aposentado que retornou ao mercado de trabalho e o trabalhador na ativa, embora a contribuição previdenciária incida sobre os proventos de ambos da mesma forma.

O ministro considerou que vedar a desaposentação sem que haja previsão legal seria o mesmo que obrigar o trabalhador a contribuir sem ter a perspectiva de benefício posterior, o que, segundo seu entendimento, é incompatível com a Constituição. Segundo ele, a Lei 8.213/1991, ao garantir ao aposentado que volta ao mercado de trabalho direito apenas à reabilitação profissional e ao salário-família não significa proibição de renúncia à aposentadoria inicial para a obtenção de novo benefício.

"Tem que haver uma correspondência mínima entre contribuição e benefício, sob pena de se anular o caráter contributivo do sistema. O legislador não pode estabelecer contribuição vinculada e não oferecer qualquer benefício em troca", sustentou.

Com o objetivo de preservar o equilíbrio atuarial do RGPS, o ministro propôs que o cálculo do novo benefício leve em consideração os proventos já recebidos pelo segurado. De acordo com sua proposta, no cálculo do novo benefício, os elementos idade e expectativa de vida, utilizados no cálculo do fator previdenciário — um redutor do valor do benefício para desestimular aposentadorias precoces —, devem ser idênticos aos aferidos no momento da aquisição da primeira aposentadoria, sob pena de burla ao sistema.

Para o ministro, essa solução é a mais justa, pois o segurado não contribui em vão. Salientou também que essa fórmula é a mais apta para preservar o equilíbrio atuarial do sistema.[3]

---

[3] Disponivel em: <http://www.stf.jus.br/portal/cms/verNoticiaDetalhe.asp?idConteudo=277137>. Acesso em: 29 out. 2014.

PARTE VI
OUTROS TEMAS

1. SÚMULAS VINCULANTES DO STF SOBRE MATÉRIA TRABALHISTA

Até final de 2014, haviam sido aprovadas pelo Excelso Pretório 37 Súmulas Vinculantes e as que tratam de matéria trabalhista estão abaixo transcritas, com a indicação da fonte de publicação, da legislação pertinente e dos respectivos precedentes.

Súmula Vinculante n. 4

Salvo nos casos previstos na Constituição, o salário mínimo não pode ser usado como indexador de base de cálculo de vantagem de servidor público ou de empregado, nem ser substituído por decisão judicial.

Fonte de Publicação
DJe n. 83/2008, p. 1, em 9.5.2008; DOU de 9.5.2008, p. 1.

Legislação
Constituição de 1988, art. 7º, IV e XXIII; art. 39, §§ 1º e 3º; art. 42, § 1º; art. 142, § 3º, X.

Precedentes
RE n. 236.396, RE n. 208.684, RE n. 217.700, RE n. 221.234, RE n. 338.760, RE n. 439.035, RE n. 565.714.

Súmula Vinculante n. 6

Não viola a Constituição o estabelecimento de remuneração inferior ao salário mínimo para as praças prestadoras de serviço militar inicial.

Fonte de Publicação
DJe n. 88/2008, p. 1, em 16.5.2008; DOU de 16.5.2008, p. 1.

Legislação
Constituição de 1988, art. 1º, III; art. 5º, *caput*; art. 7º, IV; art. 142, § 3º, VIII, (redação dada pela Emenda Constitucional n. 18/1998); art. 143, *caput*, §§ 1º e 2º. Medida Provisória n. 2.215/2001, art. 18, § 2º.

Precedentes
RE n. 570.177; RE n. 551.453; RE n. 551.608; RE n. 558.279; RE n. 557.717; RE n. 557.606; RE n. 556.233; RE n. 556.235; RE n. 555.897; RE n. 551.713; RE n. 551.778; RE n. 557.542.

Súmula Vinculante n. 10
Viola a cláusula de reserva de plenário (CF, artigo 97) a decisão de órgão fracionário de tribunal que, embora não declare expressamente a inconstitucionalidade de lei ou ato normativo do poder público, afasta sua incidência, no todo ou em parte.

Fonte de Publicação
DJe n. 117/2008, p. 1, em 27.6.2008; DOU de 27.6.2008, p. 1.

Legislação
Constituição de 1988, art. 97.

Precedentes
RE n. 482.090; RE n. 240.096; RE n. 544.246; RE n. 319.181; AI 472.897- -AgR.

Súmula Vinculante n. 13
A nomeação de cônjuge, companheiro ou parente em linha reta, colateral ou por afinidade, até o terceiro grau, inclusive, da autoridade nomeante ou de servidor da mesma pessoa jurídica investido em cargo de direção, chefia ou assessoramento, para o exercício de cargo em comissão ou de confiança ou, ainda, de função gratificada na administração pública direta e indireta em qualquer dos Poderes da União, dos Estados, do Distrito Federal e dos Municípios, compreendido o ajuste mediante designações recíprocas, viola a Constituição Federal.

Fonte de Publicação
DJe n. 162/2008, p. 1, em 29.8.2008; DOU de 29.8.2008, p. 1.

Legislação
Constituição de 1988, art. 37, *caput*

Precedentes
ADI n. 1.521-MC; MS n. 23.780; ADC n. 12-MC; ADC n. 12; RE n. 579.951.

Súmula Vinculante n. 15

O cálculo de gratificações e outras vantagens do servidor público não incide sobre o abono utilizado para se atingir o salário mínimo.

Fonte de Publicação
DJe n. 121/2009, p. 1, em 1.7.2009; DOU de 1º.7.2009, p. 1.

Legislação
Constituição de 1988, art. 7º, IV.

Precedentes
RE n. 439.360-AgR; RE n. 518.760-AgR; RE n. 548.983-AgR; RE n. 512.845-AgR; RE n. 490.879-AgR; RE n. 474.381-AgR; RE n. 436.368--AgR; RE n. 572.921-RG-QO.

Súmula Vinculante n. 16

Os artigos 7º, IV, e 39, § 3º (redação da EC n. 19/98), da Constituição, referem-se ao total da remuneração percebida pelo servidor público.

Fonte de Publicação
DJe n. 121/2009, p. 1, em 1º.7.2009; DOU de 1º.7.2009, p. 1.

Legislação
Constituição de 1988, art. 7º, IV; art. 39, § 2º (redação anterior à Emenda Constitucional n. 19/1998); art. 39, § 3º (redação dada pela Emenda Constitucional n. 19/1998); Emenda Constitucional n. 19/1998.

Precedentes
RE n. 199.098; RE n. 197.072; RE n. 265.129; AI 492.967-AgR; AI 601.522-AgR; RE n. 582.019-RG-QO.

Súmula Vinculante n. 17

Durante o período previsto no parágrafo 1º do artigo 100 da Constituição, não incidem juros de mora sobre os precatórios que nele sejam pagos.

Fonte de Publicação
DJe n. 210 de 10.11.2009, p. 1; DOU de 10.11.2009, p. 1.

Legislação
Constituição de 1988, art. 100, § 1º (redação dada pela Emenda Constitucional n. 30/2000) e § 5º (redação dada pela Emenda Constitucional n. 62/2009).

Precedentes
RE n. 591.085-RG-QO; RE n. 298.616; RE n. 305.186; RE n. 372.190-AgR; RE n. 393.737-AgR; RE n. 589.345; RE n. 571.222-AgR; RE n. 583.871.

Súmula Vinculante n. 22
A Justiça do Trabalho é competente para processar e julgar as ações de indenização por danos morais e patrimoniais decorrentes de acidente de trabalho propostas por empregado contra empregador, inclusive aquelas que ainda não possuíam sentença de mérito em primeiro grau quando da promulgação da Emenda Constitucional n. 45/04.

Fonte de Publicação
DJe n. 232/2009, p. 1, em 11.12.2009; DOU de 11.12.2009, p. 1.

Legislação
Constituição de 1988, art. 7º, XXVIII; art. 109, I; art. 114.

Precedentes
CC n. 7.204; AI n. 529.763-AgR-ED; AI n. 540.190-AgR; AC n. 822-MC.

Súmula Vinculante n. 23
A Justiça do Trabalho é competente para processar e julgar ação possessória ajuizada em decorrência do exercício do direito de greve pelos trabalhadores da iniciativa privada.

Fonte de Publicação
DJe n. 232/2009, p. 1, em 11.12.2009; DOU de 11.12.2009, p. 1.

Legislação
Constituição de 1988, art. 114, II.

Precedentes
RE n. 579.648; CJ 6.959; RE n. 238.737; AI 611.670; AI 598.457; RE n. 555.075; RE n. 576.803.

Súmula vinculante n. 25
É ilícita a prisão civil de depositário infiel, qualquer que seja a modalidade do depósito.

Fonte de Publicação
DJe n. 238 de 23.12.2009, p. 1; DOU de 23.12.2009, p. 1.

Legislação

Constituição de 1988, artigo 5º, LXVII e § 2º; Convenção Americana sobre Direitos Humanos (Pacto de S. José da Costa Rica), artigo 7º, § 7º; Pacto Internacional sobre Direitos Civis e Políticos, artigo 11.

Precedentes

RE n. 562.051; RE n. 349.703; RE n. 466.343; HC n. 87.585; HC n. 95.967; HC n. 91.950; HC n. 93.435; HC n. 96.687-MC; HC n. 96.582; HC n. 90.172; HC n. 95.170-MC.

Súmula Vinculante n. 37

Não cabe ao Poder Judiciário, que não tem função legislativa, aumentar vencimentos de servidores públicos sob o fundamento de isonomia.

Fonte de Publicação

DJe n. 210 de 24.10.2014, p. 2; DOU de 24.10.2014, p. 1.

Legislação

Constituição de 1988, art. 2º; art. 5º, *caput* e II; e art. 37, X; Súmula n. 339 do STF.

Precedentes

RE n. 592.317; RE n. 173.252; RMS n. 21.662; RE n. 711.344-AgR; RE n. 223.452-AgR; RE n. 637.136-AgR; ARE n. 762.806-AgR; RE n. 402.467-AgR.

ÍNDICES

ÍNDICE GERAL

SUMÁRIO	13
INTRODUÇÃO	15
PARTE I — DIREITOS INDIVIDUAIS	17
1. Conselhos profissionais	19
1.1. Músicos. Desnecessidade de inscrição na ordem dos músicos	19
1.2. Odontologia. Emprego no conselho. Obrigatoriedade de concurso	20
2. Cooperativas de trabalho. Contribuição. Inconstitucionalidade	29
3. Copa. Lei Geral. ADI Improcedente	31
4. FGTS	34
4.1. Correção Dos Saldos Nas Contas Vinculadas	34
4.2. Prescrição	36
5. Horas Extras. Intervalo Prévio. Constitucionalidade	37
6. Licença-Maternidade. Gestante X Adotante	53
7. Meio Ambiente do Trabalho. Amianto	55
8. Policial X Advogado. Proibição de Exercício Simultâneo	67
9. Salário mínimo X Salário base. Impossibilidade de vinculação	69
10. Terceirização	70
10.1. Atividade fim. Conceito	70
10.2. Call center. Empresa de telefonia	70
PARTE II — DIREITOS COLETIVOS	79
1. Greve	81
1.1. Defensores Públicos	81
1.2. Policial Civil	83
1.3. Servidor público. Perda de salário	84
2. Mandato sindical. Afastamento de servidor. Constituição estadual	88
3. Registro sindical. Necessidade	89

PARTE III — DIREITO PROCESSUAL 93
   1. Conselhos profissionais 95
       1.1. ADC. Ilegitimidade 95
       1.2. ADPF. Ilegimidade 99
   2. Competência. Justiça do trabalho. Pré-contratação 103
   3. Descontos previdenciários. Ministério Público Federal. Legitimidade 105
   4. Honorários periciais. Ministério Público 108

PARTE IV — SERVIÇO PÚBLICO 113
   1. Concurso Público 115
       1.1. "Cláusula de barreira". Constitucionalidade 115
       1.2. Portador de deficiência 115
   2. Empregado público aposentado. Reintegração 118
   3. Incra. Demissão. Ação penal 123
   4. Juiz do Trabalho. Remoção. Ajuda de Custo 126
   5. Professor. Ausência de concurso. Inconstitucionalidade 127
   6. Servidor público 130
       6.1. Transferência. Matrícula em universidade 130
       6.2. Vencimento. Limite. Teto constitucional 133

PARTE V — PREVIDÊNCIA SOCIAL 135
   1. Aposentadoria especial. Uso de EPI 137
   2. Aposentadoria por invalidez. Provento integrais. Especificação da doença em lei 139
   3. Benefício previdenciário 141
       3.1. Concessão. Ação judicial 141
       3.2. Índice de reajuste 143
   4. Desaposentação. Validade 145

PARTE VI — OUTROS TEMAS 147
   1. Súmulas Vinculantes do STF sobre matéria trabalhista 149

ÍNDICES 155
Índice geral 157
Índice dos julgados publicados na coletânea 159
Índice dos ministros do STF prolatores dos julgados citados 181
Índice temático 185

ÍNDICE DOS JULGADOS PUBLICADOS NA COLETÂNEA

VOLUMES 1 A 18

N. do Julgado	Volume	Página
AC 340-7-RJ	8	54
AC 3.433-PR	17	58
AC 9.690-SP	1	41
AC 9.696-3-SP	1	40
ACO 533-9-PI	2	23
ACO 709-SP	17	113
ACO 1.437-DF	17	129
ACO (AGRG) 524-0-SP	7	68
ADC 34-DF	18	95
ADIn 100-1-MG	8	88
ADIn 254-6-GO	7	48
ADIn 271-6-DF	5	35
ADIn 306-2-DF	4	85
ADIn 510-AM	18	88
ADIn 554-5-MG	1/10	102/59
ADIn 609-6-DF	6	197
ADIn 639-8-DF	9	17
ADIn 953-2-DF	7	176
ADIn 990-7-MG	7	45
ADIn 1.040-9-DF	6	170
ADIn 1.074-3-DF	11	123
ADIn 1.105-7-DF	10/14	141/75
ADIn 1.127-8-DF	10	141
ADIn 1.194-4-DF	9/13	154/98
ADIn 1.377-7-DF	10	139
ADIn 1.404-8-SC	4	167
ADIn 1.439-1-DF	7	19
ADIn 1.458-7-DF	1	19

N. do Julgado	Volume	Página
ADIn 1.480-3-DF	2/5	59/15
ADIn 1.484-6-DF	5	170
ADIn 1.661-1-PA	7	120
ADIn 1.662-7-DF	2/5	120/75
ADIn 1.675-1-DF	1	29
ADIn 1.696-0-SE	6	59
ADIn 1.721-3-DF	1/2/10	46/31/23
ADIn 1.749-5-DF	4	163
ADIn 1.753-2-DF	2	165
ADIn 1.770-4-DF	2	31
ADIn 1.797-0-PE	4	148
ADIn 1.849-0-DF	3	125
ADIn 1.878-0-DF	2/6/7	34/96/137
ADIn 1.880-4-DF	2	90
ADIn 1.912-3-RJ	3	35
ADIn 1.942-DF	13	67
ADIn 1.946-5-DF	7	132
ADIn 1.953-8-ES	4	59
ADIn 1.967-8-DF	4	163
ADIn 1.971-6-SP	5	163
ADIn 1.976-7-DF	11	65
ADIn 2.010-8-DF	6	200
ADIn 2.024-2-DF	4	164
ADIn 2.054-4-DF	7	182
ADIn 2.093-6-SC	8	103
ADIn 2.098-6-AL	5	127
ADIn 2.105-2-DF	4/5	146/187
ADIn 2.107-9-DF	5	127
ADIn 2.139-7-DF	11/13	49/83
ADIn 2.160-5-DF	4/13	105/83
ADIn 2.180-0-SP	5	163
ADIn 2.201-6-DF	7	93
ADIn 2.310-1-DF	5	95
ADIn 2.652-8-DF	7	174
ADIn 2.679-8-AL	6	49
ADIn 2.687-9-PA	7	128
ADIn 2.931-2-RJ	9	78
ADIn 3.026-4-DF	10	143

N. do Julgado	Volume	Página
ADIn 3.030-2-AP	9	79
ADIn 3.068-0-DF	9	11
ADIn 3.085-0-CE	9	93
ADIn 3.105-8-DF	8	121
ADIn 3.224-1-AP	8	91
ADIn 3.300-0-DF	10	186
ADIn 3.347-DF	16	57
ADIn 3.367-1-DF	9/10	83/115
ADIn 3.392-1-DF	11	35
ADIn 3.395-6-DF	9/10	94/95
ADIn 3.453-7-DF	11	63
ADIn 3.510-0-DF	12	121
ADIn 3.934-2-DF	11/13	23/33
ADIn 3.541-0-DF	18	67
ADIn 4.015-PA	12	89
ADIn 4.167-3-DF	12/15	21/35
ADIn 4.292-DF	13	59
ADIn 4.347-DF	13	70
ADIn 4.357-DF	17	107
ADIn 4.364-SC	15	55
ADIn 4.425-DF	17	107
ADIn 4.568-DF	15	37
ADIn 4.696-DF	15	83
ADIn 4.698-MA	15	83
ADIn 4.716-DF	16	77
ADIn 4.738-DF	16	63
ADIn 4.742-DF	16	77
ADIn 4.849-DF	16	34
ADIn 4.876-DF	18	127
ADIn 4.976-DF	18	31
ADIn 5.013-DF	17	38
ADIn 5.035-DF	17	53
ADIn 5.036-DF	17	53
ADIn 5.050-DF	17	43
ADIn 5.051-DF	17	43
ADIn 5.090-DF	18	34
ADIn-MC 1.121-9-RS	1	50
ADIn-MC 1.567-2-DF	1	100

N. do Julgado	Volume	Página
ADIn-MC 1.721-3-DF	7	22
ADIn-MC 2.111-7-DF	7	139
ADIn-MC 2.176-1-RJ	4	177
ADIn-MC 3.126-1-DF	8/9	92/92
ADIn-MC 3.472-3-DF	9	117
ADPF 47-5-PA	12	26
ADPF-MC 54-8-DF	8	155
ADPF-151-DF	14/15	38/45
ADPF-264-DF	18	99
ADPF-275-PB	17	137
ADPF-276-DF	17	90
ADPF-277-DF	17	90
ADPF-293-RJ	17	29
AG-AI 156.338-0-PR	1	60
AG-AI 214.076-8-RS	2	123
AG-AI 223.271-7-MG	3	13
AGRAG 248.880-1-PE	4	109
AGRAG 324.304-7-SP	6	157
AG-RE 220.170-2-SP	2	64
AG-RE 227.899-9-MG	2	19
AG-RE 241.935-8-DF	4	49
AG(AGRG) 258.885-1-RJ	4	108
AG(AGRG) 316.458-1-SP	6	162
AGRG-ADIn 3.153-8-DF	9	25
AGRG-AI 171.020-9-CE	5	39
AGRG-AI 267.115-7-DF	4	137
AGRG-AI 238.385-6-PR	5	70
AGRG-AI 404.860-1-DF	10	103
AGRG-AI 410.330-0-SP	7	60
AGRG-AI 416.962-2-ES	7	17
AGRG-AI 442.897-6-ES	10	163
AGRG-AI 453.737-1-RJ	7	89
AGRG-AI 479.810-7-PR	10	151
AGRG-AI 528.138-0-MS	10	140
AGRG-AI 570.429-9-RS	12	115
AGRG-AI 582.921-1-MA	10	35
AGRG-AO 820-4-MG	7	116
AGRG-MI-774-DF	18	83

N. do Julgado	Volume	Página
AGRG-MS 25.489-1-DF	9	122
AGRG-RE 222.368-4-PE	7	66
AGRG-RE 273.834-4-RS	5	192
AGRG-RE 281.901-8-SP	5	47
AGRG-RE 299.671-8-RS	6	160
AGRG-RE 347.334-7-MG	7	90
AGRG-RE 409.997-7-AL	10	154
AGRG-RE 507.861-2-SP	11	57
AGRG-RG 269.309-0-MG	5	58
AI 139.671-(AGRG)-DF	1	43
AI 153.148-8-PR	1	60
AI 208.496-9-ES	2	102
AI 210.106-0-RS	2	55
AI 210.466-6-SP	2	45
AI 212.299-0-SP	2	15
AI 212.918-1-DF	2	149
AI 215.008-6-ES	2	36
AI 216.530-8-MG	2	132
AI 216.786-2-SP	2	81
AI 218.578-8-PR	2	125
AI 220.222-2-DF	2	85
AI 220.739-5-SP	2	106
AI 224.483-5-PB	4	44
AI 229.862-4-RS	3	15
AI 233.762-1-RS	3	105
AI 233.835-8-RS	3	90
AI 237.680-1-SP	3	50
AI 238.733-1-MG	3	56
AI 240.632-6-RS	3	121
AI 243.418-0-MG	3	101
AI 244.136-6-SP	3	20
AI 244.154-4-SP	3	71
AI 244.672-0-SP	3	40
AI 245.136-1-RS	3	94
AI 248.256-2-SP	3	43
AI 248.764-1-DF	3	26
AI 249.021-1-SP	3	46
AI 249.470-7-BA	4	96

N. do Julgado	Volume	Página
AI 249.539-2-BA	8	87
AI 249.600-3-MG	3	30
AI 260.198-8-MG	4	124
AI 260.553-8-SP	4	91
AI 260.700-5-DF	4	28
AI 265.946-8-PR	4	73
AI 266.186-4-GO	4	15
AI 270.156-1-RS	5	42
AI 273.327-1-BA	4	173
AI 277.315-1-SC	4	87
AI 277.432-8-PB	4	41
AI 277.651-4-BA	4	47
AI 279.422-1-DF	4	139
AI 290.222-6-AM	5	64
AI 294.013-4-RS	5	79
AI 321.083-2-DF	5	82
AI 321.503-9-MS	5	51
AI 329.165-6-RJ	5	128
AI 333.502-4-SP	10	35
AI 341.920-9-RS	5	143
AI 342.272-1-DF	5	125
AI 359.319-5-SP	5	54
AI 388.729-8-PE	6	117
AI 388.895-1-PB	6	115
AI 401.141-3-SP	10	108
AI 429.939-2-PE	7	88
AI 436.821-2-PE	7	85
AI 449.252-3-SP	7	103
AI 454.064-4-PA	10	64
AI 457.801-1-DF	8	58
AI 457.863-2-RS	8	28
AI 460.355-7-SP	7	118
AI 462.201-0-SP	7	81
AI 465.867-8-MG	8	75
AI 474.751-1-SP	8	68
AI 477.294-5-PI	7	26
AI 478.276-1-RJ	8	44
AI 498.062-2-SP	8	76

N. do Julgado	Volume	Página
AI 500.356-5-RJ	8	44
AI 511.972-0-SP	8	85
AI 513.028-1-ES	8	69
AI 514.509-8-MG	8	26
AI 518.101-6-MG	8	75
AI 522.830-4-RJ	10	84
AI 523.628-8-PR	9	67
AI 525.295-8-BA	9	20
AI 525.434-3-MT	9	38
AI 526.389-1-SP	9	71
AI 529.694-1-RS	9	147
AI 531.237-0-RS	9	68
AI 533.705-2-DF	9	112
AI 534.587-1-SC	10	32
AI 535.068-3-SP	9	28
AI 538.917-7-AL	9	106
AI 539.419-9-MG	9	80
AI 556.247-6-SP	9	142
AI 557.195-2-RJ	10	89
AI 561.126-1-RJ	10	90
AI 567.280-9-MG	10	98
AI 571.672-5-RS	10	171
AI 572.351-3-SP	10	102
AI 579.311-0-PR	10	19
AI 583.599-6-MG	10	37
AI 584.691-8-SP	10	110
AI 629.242-5-SP	11	19
AI 633.430-1-RS	11	21
AI 635.212-1-DF	11	61
AI 640.303-9-SP	11	32
AI 656.720-2-SP	11	40
AI 791.292-PE	14	69
AO 206-1-RN	7	61
AO 757-7-SC	7	110
AO 764-0-DF	7	113
AO 931-6-CE	7	108
AO 1.157-4-PI	10	118
AO 1.509-SP	17	149

N. do Julgado	Volume	Página
AO 1.656-DF	18	126
AR 1.371-5-RS	5	135
AR 2.028-2-PE	12	108
AR-AI 134.687-GO	1	37
AR-AI 150.475-8-RJ	1	77
AR-AI 198.178-RJ	1	114
AR-AI 199.970-0-PE	3	88
AR-AI 218.323-0-SP	3	112
AR-AI 245.235-9-PE	3	113
AR-AI 437.347-3-RJ	8	43
ARE 637.607-RS	15	69
ARE 642.827-ES	15	73
ARE 646.000-MG	16	100
ARE 654.432-GO	16	65
ARE 661.383-GO	16	55
ARE 664.335-SC	18	137
ARE 665.969-SP	16	66
ARE 674.103-SC	16	27
ARE 709.212-DF	18	36
ARE 713.211-MG	18	70
ARE 774.137-BA	18	103
ARE 791.132-DF	18	76
ARE 808.107-PE	18	143
ARE no MI 5.126-DF	17	158
CC 6.968-5-DF	1	80
CC 6.970-7-DF	1	79
CC 7.040-4-PE	6	95
CC 7.043-9-RO	6	91
CC 7.053-6-RS	6	102
CC 7.074-0-CE	6	109
CC 7.079-1-CE	8	51
CC 7.091-9-PE	5	56
CC 7.116-8-SP	6	119
CC 7.118-4-BA	6	114
CC 7.134-6-RS	7	58
CC 7.149-4-PR	7	56
CC 7.165-6-ES	8	45
CC 7.171-1-SP	8	48

N. do Julgado	Volume	Página
CC 7.201-6-AM	12	63
CC 7.204-1-MG	9	54
CC 7.242-3-MG	12	101
CC 7.295-4-AM	10	92
CC 7.376-4-RS	10	60
CC 7.456-6-RS	12	84
CC 7.484-1-MG	11	52
CC 7.500-MG	13	78
CR 9.897-1-EUA	6	214
ED-ED-RE 191.022-4-SP	2	96
ED-ED-RE 194.662-8-BA	7/9	40/26
ER-RE 190.384-8-GO	4	35
ED-RE 194.707-1-RO	3	86
ED-RE 348.364-1-RJ	8	22
HC 77.631-1-SC	7	183
HC 80.198-6-PA	4	78
HC 81.319-4-GO	6	212
HC 84.270-4-SP	8	41
HC 85.096-1-MG	9	58
HC 85.911-9-MG	9	70
HC 85.585-5-TO	11	127
HC 87.585-TO	12	131
HC 93.930-RJ	14	121
HC 98.237-SP	14	71
HC 98.873-8-SP	13	91
HC 115.046-MG	17	46
HC 119.645-SP	17	74
IF 607-2-GO	2	115
MC em AC 1.069-1-MT	10	104
MC em ADIn 2.135-4-9-DF	11	76
MC em ADIn 2.527-9-DF	11	68
MC em ADIn 3.395-6-DF	9	98
MC em ADIn 3.540-1-DF	10	182
MC em HC 90.354-1-RJ	11	129
MC em HC 92.257-1-SP	11	135
MC em MS 24.744-4-DF	8	110
MC em MS 25.027-5-DF	8	104
MC em MS 25.498-8-DF	9	130

N. do Julgado	Volume	Página
MC em MS 25.503-0-DF	9	116
MC em MS 25.511-1-DF	9	132
MC em MS 25.849-1-DF	9	120
MC em Rcl. 2.363-0-PA	7	74
MC em Rcl. 2.653-1-SP	8	117
MC em Rcl. 2.670-1-PR	8	114
MC em Rcl. 2.684-1-PI	8	61
MC em Rcl. 2.772-4-DF	8	99
MC em Rcl. 2.804-6-PB	8	72
MC em Rcl. 2.879-6-PA	8	65
MC em Rcl. 3.183-7-PA	9	98
MC em Rcl. 3.431-3-PA	9	102
MC em Rcl. 3.760-6-PA	9	35
MC em Rcl. 4.306-1-TO	10	96
MC em Rcl. 4.317-7-PA	10	99
MC em Rcl. 4.731-8-DF	10	129
MI 20-4-DF	1	86
MI 102-2-PE	6	133
MI 347-5-SC	1	85
MI 585-9-TO	6	59
MI 615-2-DF	9	45
MI 670-7-DF	7	41
MI 670-9-ES	11/12	80/42
MI 692-0-DF	7	23
MI 708-0-DF	11/12	81/42
MI 712-8-PA	11/12	80/50
MI 758-4-DF	12	30
MI 817-5-DF	12	40
MI 943-DF	17	35
MS 21.143-1-BA	2	93
MS 22.498-3-BA	2	34
MS 23.671-0-PE	4	80
MS 23.912-3-RJ	5	197
MS 24.008-3-DF	9	91
MS 24.414-3-DF	7	107
MS 24.875-1-DF	10	133
MS 24.913-7-DF	8	78
MS 25.191-3-DF	9	90

N. do Julgado	Volume	Página
MS 25.326-6-DF	9	118
MS 25.496-3-DF	9	124
MS 25.763-6-DF	10	154
MS 25.938-8-DF	12	97
MS 25.979-5-DF	10	146
MS 26.117-0-MS	14	24
MS 28.133-DF	13	143
MS 28.137-DF	13	53
MS 28.393-MG	17	157
MS 28.801-DF	14	83
MS 28.871-RS	14	101
MS 28.965-DF	15	96
MS 31.096-DF	16	112
MS 31.375-DF	17	153
MS 32.912-DF	18	20
MSMC 21.101-DF	1	38
MCMS 24.637-5-DF	7	98
Petição 1.984-9-RS	7	177
Petição 2.793-1-MG	6	226
Petição 2.933-0-ES	7	54
QO-MI 712-8-PA	11	79
RE 109.085-9-DF	3	127
RE 109.450-8-RJ	3	75
RE 109.723-0-RS	10	71
RE 113.032-6-RN	6	70
RE 117.670-9-PB	2	160
RE 118.267-9-PR	1	76
RE 126.237-1-DF	4	110
RE 131.032-4-DF	1	80
RE 134.329-0-DF	3	82
RE 141.376-0-RJ	5	93
RE 144.984-5-SC	2	111
RE 146.361-9-SP	3	76
RE 146.822-0-DF	1	52
RE 150.455-2-MS	3	104
RE 157.057-1-PE	3	81
RE 158.007-1-SP	6	188
RE 158.007-1-SP	6	188

N. do Julgado	Volume	Página
RE 158.448-3-MG	2	164
RE 159.288-5-RJ	1	52
RE 165.304-3-MG	5	194
RE 172.293-2-RJ	2	92
RE 175.892-9-DF	4	132
RE 176.639-5-SP	1	68
RE 181.124-2-SP	2	163
RE 182.543-0-SP	1	62
RE 183.883-3-DF	3	24
RE 183.884-1-SP	3	115
RE 187.229-2-PA	3	114
RE 187.955-6-SP	3	114
RE 189.960-3-SP	5	44
RE 190.384-8-GO	4	36
RE 190.844-1-SP	4	60
RE 191.022-4-SP	1	68
RE 191.068-2-SP	11	44
RE 193.579-1-SP	7	47
RE 193.943-5-PA	2	130
RE 194.151-1-SP	2	109
RE 194.662-8-BA	5/6	37/69
RE 194.952-0-MS	5	117
RE 195.533-3-RS	2	33
RE 196.517-7-PR	5	57
RE 197.807-4-RS	4	32
RE 197.911-9-PE	1	74
RE 198.092-3-SP	1	66
RE 199.142-9-SP	4	57
RE 200.589-4-PR	3	64
RE 201.572-5-RS	5	157
RE 202.063-0-PR	1	59
RE 202.146-6-RS	3	130
RE 203.271.9-RS	2	95
RE 204.126-2-SP	6	187
RE 204.193-9-RS	5	156
RE 205.160-8-RS	3	77
RE 205.170-5-RS	2	48
RE 205.701-1-SP	1	36

N. do Julgado	Volume	Página
RE 205.815-7-RS	1	27
RE 206.048-8-RS	5	195
RE 206.220-1-MG	3	74
RE 207.374-1-SP	2	109
RE 207.858-1-SP	3	67
RE 209.174-0-ES	2	149
RE 210.029-1-RS	7	47
RE 210.069-2-PA	3	132
RE 210.638-1-SP	2	123
RE 212.118-5-SP	5	59
RE 213.015-0-DF	6	134
RE 213.111-3-SP	7	47
RE 213.244-6-SP	2	40
RE 213.792-1-RS	2	98
RE 214.668-1-ES	7/10	47/75
RE 215.411-3-SP	5	30
RE 215.624-8-MG	4	106
RE 216.214-1-ES	4	142
RE 216.613-8-SP	4	52
RE 217.162-2-DF	3	125
RE 217.328-8-RS	4	50
RE 217.335-5-MG	4	43
RE 219.434-0-DF	6	19
RE 220.613-1-SP	4	31
RE 222.334-2-BA	5	25
RE 222.368-4-PE	6	124
RE 222.560-2-RS	2/6	51/32
RE 224.667-9-MG	3	38
RE 225.016-1-DF	5	113
RE 225.488-1-PR	4	33
RE 225.872-5-SP	8	33
RE 226.204-6-DF	6	30
RE 226.855-7-RS	4	17
RE 227.410-9-SP	4	13
RE 227.899-8-MG	2	17
RE 228.035-7-SC	7	122
RE 230.055-1-MS	3	59
RE 231.466-5-SC	6	54

N. do Julgado	Volume	Página
RE 232.787-0-MA	3	79
RE 233.664-9-DF	5	40
RE 233.906-2-RS	9	86
RE 234.009-4-AM	3	110
RE 234.068-1-DF	8	109
RE 234.186-3-SP	5	23
RE 234.431-8-SC	10	68
RE 234.535-9-RS	5	60
RE 235.623-8-ES	9	75
RE 235.643-9-PA	4	36
RE 236.449-1-RS	3	131
RE 237.965-3-SP	4	34
RE 238.737-4-SP	2	44
RE 239.457-5-SP	6	22
RE 240.627-8-SP	3	53
RE 241.372-3-SC	5	142
RE 243.415-9-RS	4	178
RE 244.527-4-SP	3	129
RE 245.019-7-ES	3	65
RE 247.656-1-PR	5	29
RE 248.278-1-SC	10	151
RE 248.282-0-SC	5	123
RE 248.857-7-SP	6	167
RE 249.740-1-AM	3	75
RE 252.191-4-MG	5	158
RE 254.518-0-RS	4	171
RE 254.871-5-PR	5	29
RE 256.707-8-RJ	9	53
RE 257.063-0-RS	5	152
RE 257.836-3-MG	6	82
RE 259.713-9-PB	5	120
RE 260.168-3-DF	4	179
RE 261.344-4-DF	6	194
RE 263.381-0-ES	6	25
RE 264.299-1-RN	4	100
RE 264.434-MG	14	22
RE 265.129-0-RS	4	37
RE 273.347-4-RJ	4	46

N. do Julgado	Volume	Página
RE 275.840-0-RS	5	122
RE 278.946-1-RJ	8	19
RE 281.297-8-DF	5	26
RE 284.627-9-SP	6	18
RE 284.753-6-PA	6	183
RE 287.024-2-RS	8	35
RE 287.925-8-RS	8	20
RE 289.090-1-SP	5	44
RE 291.822-9-RS	10/15	76/53
RE 291.876-8-RJ	5	155
RE 292.160-2-RJ	5	77
RE 293.231-1-RS	5	78
RE 293.287-6-SP	6	85
RE 293.932-3-RJ	5	86
RE 299.075-5-SP	5	130
RE 305.513-9-DF	6	83
RE 308.107-1-SP	5	147
RE 311.025-0-SP	6	181
RE 318.106-8-RN	9	78
RE 329.336-2-SP	6	17
RE 330.834-3-MA	6	177
RE 333.236-8-RS	6	145
RE 333.697-5-CE	6	20
RE 340.005-3-DF	6	112
RE 340.431-8-ES	6	53
RE 341.857-2-RS	6	192
RE 343.183-8-ES	6	178
RE 343.144-7-RN	6	176
RE 344.450-6-DF	9	109
RE 345.874-4-DF	6	158
RE 347.946-6-RJ	6	198
RE 349.160-1-BA	7	87
RE 349.703-RS	12	131
RE 350.822-9-SC	7	131
RE 351.142-4-RN	9	81
RE 353.106-9-SP	6	67
RE 356.711-0-PR	9	62
RE 362.483-1-ES	8	17

N. do Julgado	Volume	Página
RE 363.852-1-MG	9	146
RE 368.492-2-RS	7	134
RE 369.779-0-ES	7	17
RE 369.968-7-SP	8	39
RE 370.834-MS	15	63
RE 371.866-5-MG	9	40
RE 372.436-3-SP	7	188
RE 378.569-9-SC	7	126
RE 381.367-RS	14/15	111/93
RE 382.994-7-MG	9	18
RE 383.074-1-RJ	8	164
RE 383.472-0-MG	7	39
RE 387.259-1-MG	7	57
RE 387.389-0-RS	7	71
RE 390.881-2-RS	7	136
RE 392.303-8-SP	6	26
RE 392.976-3-MG	8	85
RE 394.943-8-SP	9	55
RE 395.323-4-MG	6	38
RE 396.092-0-PR	7	28
RE 398.041-0-PA	10	40
RE 398.284-2-RJ	12	19
RE 403.832-3-MG	7	56
RE 405.031-5-AL	12	91
RE 414.426-SC	15	21
RE 415.563-0-SP	9	151
RE 419.327-2-PR	9	43
RE 420.839-DF (AgR)	16	97
RE 430.145-8-RS	10	136
RE 439.035-3-ES	12	17
RE 441.063-0-SC	9	60
RE 444.361-9-MG	9	56
RE 445.421-1-PE	10	167
RE 449.420-5-PR	9	192
RE 451.859-7-RN	11	73
RE 459.510-MT	13	81
RE 464.971-MG	15	81
RE 466.343-1-SP	11/12	134/131

N. do Julgado	Volume	Página
RE 477.554-MG	15	98
RE 478.410-SP	14	116
RE 485.913-3-PB	10	131
RE 503.415-5-SP	11	60
RE 505.816-6-SP	11	37
RE 507.351-3-GO	11	58
RE 519.968-1-RS	11	29
RE 545.733-8-SP	11	17
RE 548.272-3-PE	11	119
RE 553.159-DF	13	31
RE 555.271-3-AM	11	121
RE 556.664-1-RS	12	87
RE 563.965-RN	13	140
RE 569.056-3-PA	12	81
RE 569.815-7-SP	11	55
RE 570.177-8-MG	12	28
RE 570.908-RN	13	139
RE 572.052-RN	13	151
RE 578.543-MT	13/17	99/134
RE 579.648-5-MG	12	58
RE 583.050-RS	17	95
RE 586.453-SE	17	95
RE 595.315-RJ	16	110
RE 595.326-PE	15	88
RE 595.838-SP	18	29
RE 596.478-RR	16	24
RE 597.368-RE	13/17	99/134
RE 598.998-PI	17	41
RE 600.091-MG	13/15	77/59
RE 603.191-MT	15	90
RE 603.583-RS	15	105
RE 606.003-RS	16	81
RE 607.520-MG	15	62
RE 609.381-GO	18	133
RE 627.294-PE	16	107
RE 629.053-SP	15/16	17/28
RE 630.137-RS	14	114
RE 630.501-RS	17	160

N. do Julgado	Volume	Página
RE 631.240-MG	18	141
RE 634.093-DF	15	19
RE 635.023-DF	15	21
RE 635.739-AL	18	115
RE 636.553-RS	15	79
RE 638.483-PB	15	60
RE 650.898-RS	15	71
RE 652.229-DF	15	75
RE 656.860-MT	18	139
RE 657.989-RS	16	98
RE 658.312-SC	18	37
RE 661.256-SC	15	93
RE 666.256-SC	18	145
RE 778.889-PE	18	53
RE 788.838-RS	18	105
RE 795.467-SP	18	19
RE (Edu) 146.942-1-SP	6	108
RCL. 743-3-ES	8	72
RCL. 1.728-1-DF	5	118
RCL. 1.786-8-SP	5	72
RCL. 1.979-9-RN	6	148
RCL. 2.135-1-CE	9	65
RCL. 2.155-6-RJ	6/8	148/71
RCL. 2.267-6-MA	8	67
RCL. 3.322-8-PB	9	111
RCL. 3.900-5-MG	9	126
RCL. 4.012-7-MT	11	114
RCL. 4.303-7-SP	10	69
RCL. 4.464-GO	12	78
RCL. 4.489-1-PA	13	129
RCL. 5.381-4-AM	12	65
RCL. 5.381-ED-AM	12/13	109/131
RCL. 5.155-PB	13	29
RCL. 5.543-AgR-GO	13	35
RCL 5.679-SC	18	118
RCL. 5.698-8-SP	12	35
RCL. 5.758-SP	13	133
RCL. 5.798-DF	12	54

N. do Julgado	Volume	Página
RCL. 6.568-SP	12/13	68/63
RCL. 7.342-9-PA	12	87
RCL. 7.901-AM	14	41
RCL. 8.341-PB	15	86
RCL. 8.388-PE	13	19
RCL. 8.949-SP	13	154
RCL. 10.132-PR	18	70
RCL. 10.160-RN	18	89
RCL. 10.164-SP	14	17
RCL. 10.243-SP	14	56
RCL 10.411-SP	17	99
RCL. 10.466-GO	14	33
RCL. 10.580-DF	14	60
RCL. 10.634-SE	17	65
RCL. 10.776-PR	14	76
RCL. 10.798-RJ	14	51
RCL. 11.218-PR	16	118
RCL. 11.366-MG	15	47
RCL 11.920-SP	18	130
RCL. 11.954-RJ	16	39
RCL. 13.132-RN	16	90
RCL. 13.189-SP	16	19
RCL. 13.348-SP	17	19
RCL. 13.403-MG	16	45
RCL. 13.410-SC	16	83
RCL. 13.477-SP	17	24
RCL. 13.714-AC	18	108
RCL. 14.671-RS	16	50
RCL. 14.996-MG	17	68
RCL. 15.024-RN	18	69
RCL. 15.106-MG	17	68
RCL. 15.342-PR	17	68
RCL. 15.644-MS	17	48
RCL. 15.820-RO	17	86
RCL. 16.535-RJ	17	87
RCL. 16.637-SP	18	55
RCL. 16.868-GO	17	85
RCL. 17.188-ES	18	81

N. do Julgado	Volume	Página
RCL. 18.506-SP	18	84
RHC 81.859-5-MG	6	121
RMS 2.178-DF	1	72
RMS 23.566-1-DF	6	41
RMS 21.053-SP	14	49
RMS (EdAgR) 24.257-8-DF	6	211
RMS 28.546-DF	16	30
RMS 28.208-DF	18	123
RMS 32.732-DF	18	115
RO-MS 23.040-9-DF	3	103
RO-MS 24.309-4-DF	7	45
RO-MS 24.347-7-DF	7	105
SEC 5.778-0-EUA	9	156
SL 706-BA	17	81
SS 1.983-0-PE	7	94
SS 4.318-SP	14	100
SÚMULAS DO STF	7	143
SÚMULAS VINCULANTES DO STF	12/18	135/149
TST-RE-AG-AI-RR 251.899/96.7	1	111
TST-RE-AG-E-RR 144.583/94.4	2	50
TST-RE-AG-E-RR 155.923/95.9	1	92
TST-RE-AG-E-RR 286.778/96.5	1	25
TST-RE-AG-RC 343.848/97.8	2	112
TST-RE-AI-RR 242.595/96.2	1	106
TST-RE-AI-RR 242.708/96.5	2	137
TST-RE-AI-RR 286.743/96.7	1	56
TST-RE-AI-RR 299.174/96.7	1	104
TST-RE-AI-RR 305.874/96.8	1	24
TST-RE-AR 210.413/95.3	2	69
TST-RE-AR 278.567/96.5	1	33
TST-RE-ED-AI-RR 272.401/96.3	2	52
TST-RE-ED-E-RR 81.445/93.0	2	155
TST-RE-ED-E-RR 117.453/94.7	1	95
TST-RE-ED-E-RR 140.458/94.8	2	71
TST-RE-ED-E-RR 651.200/00.9	6	35
TST-RE-ED-RO-AR 331.971/96.9	4	102
TST-RE-ED-RO-AR 396.114/97.7	4	122
TST-RE-ED-RO-AR 501.336/98.0	6	164

N. do Julgado	Volume	Página
TST-RE-ED-RO-AR 671.550/2000.2	7	51
TST-RE-E-RR 118.023/94.4	2	153
TST.RE.E.RR 411.239/97.8	7	43
TST-RE-RMA 633.706/2000.6	4	84
TST-RE-RO-AA 385.141/97.6	2	74
TST-RE-RO-AR 209.240/95.6	1	97
TST-RE-RO-DC 284.833/96.1	1	69

ÍNDICE DOS MINISTROS DO STF
PROLATORES DOS JULGADOS CITADOS

VOLUMES 1 A 18
(O primeiro número (em negrito) corresponde ao volume
e os demais, às páginas iniciais dos julgados)

AYRES BRITTO 7/23; 8/54; 9/30, 35, 53, 78, 102; 10/23, 39, 89, 99, 102, 131; 11/29, 37; 12/65, 11, 131; 13/ 29, 78, 131; 14/26, 70; 15/93 16/57; 17/107

CARLOS VELLOSO 1/27, 62, 66, 79, 102; 2/17, 19, 101; 3/39, 59, 125; 5/26, 86, 152, 156; 6/30, 32, 54, 83, 91, 117, 121, 158, 167, 171, 176, 178, 192, 226; 7/17, 48, 54, 67, 109, 118, 122, 134, 136; 8/103, 104, 110, 114; 9/ 79, 120, 122, 126, 151; 10/154; 14/49

CÁRMEN LÚCIA 10/129; 11/21, 32, 40, 61, 63, 135; 12/58, 68, 78, 97; 13/19, 98, 129, 133, 139, 140, 154; 14/22, 33, 41; 15/37, 65; 16/112; 17/29, 68, 85, 86, 153; 18/88, 126

CÉLIO BORJA 1/37

CELSO DE MELLO 1/19, 38, 50, 86; 2/60, 109, 115; 3/36, 86; 4/15, 146; 5/15, 39, 70, 164, 170, 187, 192; 6/26, 95, 102, 124, 145, 162, 183, 200, 212; 7/19, 53, 66, 89, 116, 183, 188; 8/39, 43, 61, 78; 9/25, 40, 45, 68, 75, 112, 132, 156; 10/64, 76, 90, 92, 140, 159, 171, 182, 186; 11/83; 12/89; 13/91, 132; 14/71, 83; 15/19, 21, 98; 16/90; 17/113; 18/55, 84, 115

CEZAR PELUSO 7/106; 8/35, 58, 68, 99, 117, 121; 9/19, 43, 56, 63, 83, 116; 10/71, 95, 115, 136, 167; 11/35, 55, 121, 129, 134; 12/131; 13/81; 14/100; 15/60, 69, 73; 17/95

DIAS TOFFOLI 13/77; 14/101; 15/55, 59, 62; 16/24, 39, 45, 77, 97; 17/90, 99; 18/29, 37, 67, 81, 99, 127

ELLEN GRACIE 5/117, 157, 197; **6**/17, 18, 38, 119, 157, 170, 187, 211; **7**/57, 88, 108, 176; **8**/16, 19, 20, 88, 91, 121; **9**/53, 65, 78, 81, 90, 109; **10**/104, 151, 163; **11**/68, 76; **12**/26, 50, 54, 101; **13**/87, 99; **14**/76; **15**/21, 86, 90; **17**/134, 160

EROS ROBERTO GRAU 8/26, 45, 48; **9**/55, 60, 110, 111, 124; **10**/59, 143, 154; **11**/57, 58, 73, 79, 80, 123; **12**/101; **13**/63, 70; **14**/24, 116

GILMAR MENDES 6/148; **7**/58, 74, 120, 131; **8**/41, 65, 69, 71; **9**/26, 92, 147; **10**/98, 108, 118; **11**/19, 52, 80, 81, 101, 129; **12**/14, 42, 87, 107; **13**/31; **14**/17, 38, 51, 69, 121; **15**/45, 75, 79, 96; **16**/63, 118; **17**/19, 35, 58; **18**/36, 70, 83, 115, 118

ILMAR GALVÃO 1/46, 60, 68, 76, 77; **2**/31, 34, 90; **3**/29; **4**/31, 37, 49, 59, 148, 175; **5**/29, 127, 142; **6**/20, 53, 60, 112, 160, 177, 181, 196, 198; **7**/22, 137

JOAQUIM BARBOSA 7/57; **8**/44, 51, 72, 85; **9**/17, 98, 130, 142; **10**/32, 35, 40, 75, 103, 151; **11**/44, 65; **12**/21; **13**/67, 143; **14**/114; **15**/35, 83; **16**/99, 110

LUÍS ROBERTO BARROSO 17/43, 65; **18**/34, 53, 141, 145

LUIZ FUX 16/27, 66, 107; **17**/48, 74, 87, 107, 157, 158; **18**/20, 69, 70, 95, 123, 137

MARCO AURÉLIO 1/115; **2**/15, 23, 36, 40, 45, 48, 51, 64, 79, 81, 86, 92, 93, 96, 102, 106, 111, 125, 132, 139, 150, 164; **3**/15, 20, 26, 30, 35, 38, 40, 43, 46, 50, 56, 67, 71, 74, 81, 90, 94, 104, 105, 107, 110, 112, 114, 121, 125; **4**/28, 69, 74, 80, 87, 91, 96, 100, 106, 124, 129, 136, 139, 167, 173; **5**/37, 44, 51, 58, 59, 60, 64, 79, 82, 95, 122, 123, 143; **6**/69, 108, 133, 214; **7**/28, 40, 45, 71, 80, 94, 103, 113, 177; **8**/28, 44, 72, 76, 155, 164; **9**/18, 67, 70, 71, 118, 146; **10**/36, 69, 84; **11**/17, 60, 114, 119, 127; **12**/30, 91, 131; **13**/ 53, 83; **14**/111; **15**/17, 47, 53, 63, 71, 81, 88, 93, 105; **16**/28, 30, 81, 98, 100; **17**/53, 129, 160; **18**/108

MAURÍCIO CORRÊA 1/36; **2**/120; **3**/53, 63, 131, 132; **4**/43, 78, 109, 179; **5**/25, 72, 76, 78, 158; **6**/22, 67, 82, 114, 148, 197; **7**/34, 39, 41, 69, 90, 105, 126, 174, 181; **9**/154

MENEZES DIREITO 12/19, 81, 84

MOREIRA ALVES 2/32, 34, 123, 163; **3**/64, 76, 113; **4**/13, 17, 18, 19, 33, 34, 108; **5**/35, 125, 130, 153; **6**/19, 25, 41, 49

NELSON JOBIM **4**/51, 52, 58, 60, 163; **5**/40, 58, 195; **7**/60, 61, 93, 128; **8**/22, 67, 92; **9**/94; **10**/139

NÉRI DA SILVEIRA **1**/17, 41, 85; **2**/55, 109, 130, 160; **3**/24, 79, 82, 103, 117, 127; **4**/47, 72, 85, 132; **5**/30, 44, 47, 93, 118, 135, 147, 163; **6**/70, 86, 134, 189

OCTAVIO GALLOTTI **1**/59, 74; **2**/33, 77, 95, 98; **3**/130; **4**/32, 35, 50, 105; **5**/194; **11**/49

PAULO BROSSARD **1**/52

RICARDO LEWANDOWSKI **10**/96, 141; **11**/23, 103; **12**/28, 35, 63, 115; **13**/33, 59, 151; **14**/56, 75; **15**/83; **16**/50, 65, 83; **17**/24, 38, 41, 46, 81, 90, 149; **18**/31, 89, 105

ROSA WEBER **16**/34, **17**/95

TEORI ZAVASCKI **16**/55; **17**/134, 137; **18**/19, 76, 103, 130, 133, 139, 143

SEPÚLVEDA PERTENCE **1**/72, 80; **2**/24, 124, 149, 165; **3**/13, 18, 66, 75, 101, 114, 115; **4**/36, 46, 71, 110, 165, 170, 177; **5**/23, 54, 77, 120; **6**/59, 109, 115, 194; **7**/26, 56, 85, 87, 98, 182; **8**/33, 75, 85, 87, 109; **9**/20, 28, 38, 58, 75, 88, 91, 105, 106, 137; **10**/19, 60, 68, 110, 133, 146

SYDNEY SANCHES **1**/40, 100; **3**/75, 77, 88, 129; **4**/44, 142, 171; **5**/42, 56, 113, 128; **7**/46, 132, 139

ÍNDICE TEMÁTICO

VOLUMES 1 A 18
(O primeiro número corresponde ao volume e o segundo,
à página inicial do julgado)

Abandono de emprego, 16/30

Ação civil pública, 3/74, 7/43, 8/65, 9/95

Ação coletiva. Órgão de jurisdição nacional, 6/41

Ação de cumprimento
Competência da Justiça do Trabalho. Contribuições, 1/79
Incompetência da Justiça do Trabalho. Litígio entre sindicato e empresa, anterior à Lei n. 8.984/95, 1/80

Ação penal, 18/123

Ação rescisória
Ação de cumprimento de sentença normativa, 7/51
Autenticação de peças, 9/38
Indeferimento de liminar para suspender execução, 4/69
Medida cautelar. Planos econômicos, 3/90
URP. Descabimento, 5/51

Acesso à Justiça
Celeridade, 9/45
Gratuidade, 10/89
Presunção de miserabilidade, 2/101

Acidente do trabalho
Competência, 7/56, 8/39, 9/40, 9/53, 9/55, 13/77, 15/59, 15/60
Responsabilidade do empregador, 6/187
Rurícola, 6/188
Seguro, 7/131

Acórdão, 14/69

Adicional de insalubridade
Aposentadoria. Tempo de serviço, 7/134, 11/17
Base de cálculo, 2/15, 3/13, 7/17, 10/19, 11/17, 12/17, 13/19, 14/17, 16/19, 17/19
Caracterização, 6/17
Vinculação ou não ao salário mínimo, 4/13, 6/18, 7/17, 12/17, 17/24

Adicional de periculosidade
Base de cálculo, 17/38

185

Eletricitário, 17/38
Fixação do *quantum*. Inexistência de matéria constitucional, 3/15
Percepção. Inexistência de matéria constitucional, 4/15

ADIn
Agências reguladoras. Pessoal celetista, 5/95
Aprovação em concurso público, 9/76
Ascensão funcional, 9/79
Associação. Ilegitimidade ativa, 5/163, 9/25
Auxílio-doença, 9/17
Comissão de Conciliação Prévia, 11/49
Confederação. Legitimidade, 3/35 5/163
Conselho Nacional de Justiça, 9/83
Conselho Superior do Ministério Público, 9/88
Depósito prévio. INSS, 11/123
Dissídio coletivo, 11/35
Efeito vinculante, 8/61
Emenda Constitucional, 4/163, 4/164, 9/83
Entidade de 3º grau. Comprovação, 6/49
Estatuto da Advocacia, 9/154
Federação. Legitimidade, 3/36
Férias coletivas, 9/93
Licença-maternidade. Valor, 7/132
Normas coletivas. Lei estadual, 10/59
Omissão legislativa, 5/170
Parcela autônoma de equivalência, 5/187
Perda de objeto, 7/41
Precatórios, 11/63
Propositura, 3/35
Provimento n. 5/99 da CGJT. Juiz classista. Retroatividade, EC n. 24/99, 7/93
Reedição. Aditamento à inicial, 3/125
Recuperação de empresas, 11/23
Recurso administrativo, 11/65
Salário mínimo. Omissão parcial. Valor, 7/19
Servidor público, 9/94, 11/73
Superveniência de novo texto constitucional, 4/167
Trabalho temporário, 9/111, 11/114
Transcendência, 11/67

Adolescente. Trabalho educativo, 2/21

ADPF, 8/155

Advocacia/Advogado, 7/174
Dativo, 15/62
Direito de defesa, 14/71
Estatuto da, 9/154
Revista pessoal, 8/41
Sustentação oral, 14/75

Agente fiscal de renda, 14/100

Agravo de Instrumento
Autenticação, 3/71, 8/43
Formação, 2/102, 8/43
Inviabilidade de recurso extraordinário, 5/54
Petição apócrifa, 8/42

Agravo Regimental, 7/53

Anencefalia, 8/155

Antecipação de tutela. Competência, 7/54

Aposentadoria, 1/46
Adicional de insalubridade, 7/134
Anulação, 15/79
Aposentadoria voluntária, 8/114, 10/23, 13/154
Auxílio-alimentação, 3/130, 5/143, 6/192
Complementação, 10/98, 11/52, 12/109, 13/78, 16/118
Congressistas, 16/112
Continuidade da relação de emprego, 2/31, 7/22, 9/137, 9/142
Contribuição para caixa de assistência, 15/81
Contribuição previdenciária, 15/86
Desaposentação, 14/111, 18/145
Empregado público, 18/118
Especial, 18/137
Estágio probatório, 8/110
Férias, 6/194
Férias não gozadas. Indenização indevida, 3/127
Férias proporcionais, 8/109
Funrural, 9/146
Gratificação de Natal, 5/135, 16/112
Inativos, 8/121
Invalidez, 18/139
Isonomia, 14/33
Juiz classista, 2/34, 6/196, 7/137
Magistrado, 9/90, 9/91

187

Notário, 12/1
Por idade, 15/83
Proventos, 5/142, 16/107
Servidor de Embaixada do Brasil no exterior, 10/167
Tempo de serviço. Arredondamento, 6/197
Trabalhador rural, 2/33, 7/136, 9/146, 9/147
Uso de EPI, 18/137
Vale-alimentação, 5/143
Verbas rescisórias, 13/29
V. Benefícios previdenciários
V. Previdência social

Arbitragem, 4/169

Artista, 17/29

Assinatura digitalizada, 6/211, 10/90

Assistência social, 5/147

Associação. Liberdade, 7/182, 15/53

Autenticação de peças, 2/104, 4/91

Auxílio-doença, 9/17

Aviso-prévio, 17/35

Avulso
Competência, 9/43
Reintegração, 2/36

Benefícios previdenciários
Concessão via judicial, 18/141
Conversão, 5/152
Correção, 5/155
Mais vantajosos, 17/160
Marido. Igualdade, 5/156
Reajuste, 18/143
Vinculação ao salário mínimo, 6/198
V. Aposentadoria e contrato de trabalho
V. Previdência social

Biossegurança, 12/121

Camelôs, 13/70

Cartórios
Adicional por tempo de serviço, 9/75
Aposentadoria, 12/107
Concurso público, 9/75

Células-tronco, 12/121
Certidão Negativa de Débito Trabalhista, 16/77
CIPA
  Suplente. Estabilidade, 2/40, 11/19
Comissão de Conciliação Prévia, 13/83
Competência
  Ação civil pública. Meio ambiente do trabalho, 3/74
  Ação civil pública. Servidor público, 9/95
  Acidente do trabalho, 7/56, 9/40, 9/53, 9/55, 11/57, 15/59, 15/60
  Advogado dativo, 15/62
  Aposentadoria, 12/107, 12/109
  Avulso, 9/56
  Complementação de aposentadoria, 10/98, 11/52
  Contribuição sindical rural, 11/55
  Contribuição social, 11/29
  Contribuições previdenciárias, 15/86
  Danos morais e materiais, 7/57, 9/53, 9/55, 9/56
  Demissão, 9/105
  Descontos indevidos, 3/75
  Descontos previdenciários, 3/75, 5/57
  Direitos trabalhistas. Doença profissional, 6/102
  Duplicidade de ações, 8/48
  Empregado público federal, 7/58
  Falência, 6/119
  Gatilho salarial. Servidor celetista, 6/108
  Greve, 17/81
  Greve de servidor público, 9/110, 13/63, 16/65
  Greve. Fundação pública, 11/37
  Habeas corpus, 6/121, 9/58
  Indenização por acidente de trabalho, 5/58
  Juiz de Direito investido de jurisdição trabalhista, 6/109, 8/51
  Justiça do Trabalho, 2/108, 3/74, 4/71, 10/60, 10/98, 13/77
  Justiça Estadual comum. Servidor estadual estatutário, 3/79, 13/63
  Justiça Federal, 5/56
  Legislativa. Direito do Trabalho, 3/81
  Matéria trabalhista, 7/56
  Mudança de regime, 6/112
  Penalidades administrativas, 11/57
  Pré-contratação, 18/103
  Previdência complementar, 17/95

 Relação jurídica regida pela CLT, 5/59
 Representante comercial, 16/81
 Residual, 5/56, 6/91
 Revisão de enquadramento, 6/114
 Segurança, higiene e saúde do trabalhador, 9/71
 Sentença estrangeira, 9/156
 Servidor com regime especial, 12/63
 Servidor estadual celetista, 3/76, 4/71, 8/45
 Servidor público. Emenda n. 45/2004, 9/94, 10/95
 Servidor público federal. Anterioridade à Lei n. 8112/90, 4/72
 Servidor temporário. Incompetência, 3/76, 11/114, 13/129, 16/100
 TST e Juiz estadual, 10/92

Concurso público
 Aprovação. Direito à nomeação, 9/78
 Ascensão funcional, 9/79
 Cartório, 9/75
 Cláusula de barreira, 18/115
 Direito à convocação, 3/103
 Edital, 9/78
 Emprego público, 4/129
 Escolaridade, 8/85
 Exigência de altura mínima, 3/104, 5/117
 Inexistência. Reconhecimento de vínculo, 3/104
 Investidura em serviço público, 4/131
 Isonomia, 9/81
 Limite de idade, 3/107, 9/80
 Necessidade para professor titular, 3/110
 Portador de deficiência, 18/115
 Preterição, 5/118
 Professor, 18/127
 Sistema "S", 16/55
 Sociedade de economia mista. Acumulação de cargo público, 5/93
 Suspensão indeferida, 7/94
 Triênio, 9/116, 9/118, 9/122, 9/124, 9/126, 9/130, 9/132
 V. Servidor público

Conselho Nacional de Justiça, 9/83, 14/83

Conselho Nacional do Ministério Público, 9/88, 14/101

Conselhos profissionais
 Exigência de concurso público, 18/20
 Ilegitimidade para propositura de ADC, 18/95
 Ilegitimidade para propositura de ADPF, 18/99

Contadores, 15/53

Contribuição fiscal, 4/73

Contribuição social, 5/158, 6/200, 11/29, 11/119

Contribuições para sindicatos
V. Receita sindical

Contribuições previdenciárias, 4/73, 12/81, 14/114, 15/86, 15/88, 15/89, 16/110

Convenção n. 158/OIT, 1/31, 2/59, 5/15, 7/34, 8/17
V. Tratados internacionais

Cooperativas de trabalho, 11/29, 13/67, 16/34, 16/110, 18/29

Copa. Lei Geral, 18/31

Crédito previdenciário, 11/121

Crime de desobediência, 9/70

Dano moral, 2/44, 4/33
Acidente do trabalho, 9/53, 15/59
Base de cálculo, 9/18, 9/23, 11/19
Competência. Justa causa, 9/53
Competência Justiça do Trabalho, 9/53
Competência. Justiça Estadual, 9/55
Fixação do *quantum*, 10/32, 11/21
Indenização. Descabimento, 3/20

Declaração de inconstitucionalidade
Efeitos, 12/86
Reserva de plenário, 13/87, 15/47

Deficiente
V. Portador de necessidades especiais

Depositário infiel, 4/77, 6/212, 11/29, 12/131, 13/91

Depósito prévio. Débito com INSS, 11/65

Desaposentação, 14/111, 15/93

Detetive particular
Anotação na CTPS. Mandado de injunção. Descabimento, 7/23

Direito à saúde, 14/114

Direito à vida, 5/192

Direito processual, 2/99, 3/69, 4/67, 5/49, 6/89, 7/49, 8/37, 9/33, 10/87, 11/47, 12/61, 13/75, 14/67, 15/57, 16/75, 17/93, 18/93

Celeridade, 9/45
Prescrição. Períodos descontínuos, 3/88
Rescisória. Medida cautelar. Planos econômicos, 3/90

Direitos coletivos, 1/47, 2/67, 3/33, 4/39, 5/33, 6/39, 7/37, 8/31, 9/23, 10/57, 11/27, 12/33, 13/61, 14/47, 15/51, 16/61, 17/79, 18/79
Confederação. Desmembramento, 4/49
  Direito de associação, 15/51
Desmembramento de sindicato. Alcance do art. 8º, II, da CR/88, 3/64, 15/53
Desmembramento de sindicato. Condições, 3/65
Federação. Desmembramento, 4/50
Liberdade sindical, 1/49, 3/64, 4/49
Registro sindical, 1/49, 6/82
Sindicato. Desmembramento, 4/51, 15/53
Sindicato e associação. Unicidade sindical, 3/67
Superposição, 4/57
Unicidade sindical, 1,52, 2/92, 3/67

Direitos individuais, 1/15, 2/13, 3/11, 4/11, 5/13, 6/15, 7/15, 8/15, 9/15, 10/17, 11/15, 12/15, 13/17, 14/15, 15/15, 16/17, 17/17, 18/17

Dirigente sindical
Dirigentes de sindicatos de trabalhadores. Garantia de emprego, 4/41, 10/64
Estabilidade. Sindicato patronal, 4/43
Estabilidade sindical. Registro no MTE, 10/68
Garantia de emprego. Comunicação ao empregador, 3/38
Limitação de número, 3/38
Membro de Conselho Fiscal. Estabilidade, 7/26

Discriminação, 7/176

Dispensa, 14/22

Dissídio coletivo
Autonomia privada coletiva. Representatividade, 4/44
Convenção coletiva. Política salarial, 7/40, 9/26
"De comum acordo", 11/35
Desnecessidade de negociação. Quorum, 3/43
Dissídio coletivo de natureza jurídica. Admissibilidade, 3/40
Entidade de 3º grau. Necessidade de comprovação de possuir legitimidade para propositura de ADIn, 6/49
Legitimidade do Ministério Público, 3/46
Negociação coletiva. Reposição do poder aquisitivo, 6/69, 9/26
Negociação prévia. Indispensabilidade, 4/46

Policial civil, 13/63
Quorum real, 4/47

Dívida de jogo, 6/214

Embargos de declaração
Prequestionamento. Honorários, 3/86

Emenda Constitucional n. 45/2004, 9/43, 9/45, 9/53, 9/58, 9/83, 9/88, 9/93, 9/94, 9/98, 9/102, 9/116, 9/120, 9/122, 9/124, 9/126, 9/130, 9/132, 9/156, 10/60, 10/95, 10/115, 11/35, 11/37, 11/57, 11/127, 12/47, 12/67, 12/81, 12/84, 12/117, 12/131

Engenheiro
Inexistência de acumulação, 6/19
Piso salarial, 6/20, 17/48

Entidade de classe. Legitimidade, 9/33

Estabilidade
Alcance da Convenção n. 158/OIT. Decisão em liminar, 1/31, 2/59, 5/15
Cargo de confiança. Art. 41, § 1º, da CR/88, e 19, do ADCT, 1/37, 6/54
Dirigente de associação, 6/53
Extinção do regime, 5/25
Gestante, 4/28, 6/26, 8/19, 10/35, 15/17, 16/27, 16/28, 16/97
Membro de Conselho Fiscal de Sindicato, 7/26
Servidor de sociedade de economia mista. Art. 173, I, da CR/88, 1/37, 3/113, 10/35
Servidor não concursado, 10/37
Servidor público, 3/112, 7/126, 15/75
Suplente de CIPA. Art. 10, II, *a*, do ADCT, 1/32, 2/40, 3/18, 11/19

Estagiário, 2/137

Exame de Ordem, 15/105

Exceção de suspeição, 7/61

Execução
Custas executivas, 3/82
Execução. Cédula industrial. Penhora Despacho em RE, 1/104, 2/111
Impenhorabilidade de bens da ECT. Necessidade de precatório. Despachos em recursos extraordinários, 1/106, 4/87, 5/60, 6/115, 7/60
Ofensa indireta à Constituição. Descabimento de recurso extraordinário, 6/117, 8/76
Prazo para embargos de ente público, 13/133, 16/90
Prescrição, 14/76

Falência
Crédito previdenciário, 11/21
Execução trabalhista. Competência do TRF, 6/119

Falta grave
Estabilidade. Opção pelo FGTS. Desnecessidade de apuração de falta greve para a dispensa, 3/24
Garantia de emprego. Necessidade de apuração de falta grave, 3/26

Fax
Recurso por *fax*, 1/114

Fazenda Pública, 11/61

Férias, 6/22, 9/93

FGTS
Atualização de contas, 7/28, 18/34
Contrato nulo, 16/24
Contribuição de 10%, 17/43
Correção monetária. Planos econômicos, 4/17
Prescrição, 18/36

Fiador, 9/151

Gestante
Controle por prazo determinado, 8/20, 16/27
Desconhecimento do estado pelo empregador, 16/27
Estabilidade, 15/17, 16/27
V. Licença-maternidade

Gratificação
de desempenho, 13/151
de produtividade, 6/25
direito à incorporação, 14/24
especial, 15/69
pós-férias, 10/39

Gratificação de Natal
Incidência da contribuição previdenciária, 2/48

Gratuidade, 10/102

Greve
Abusividade, 2,78, 3/50
Advogados públicos, 12/35
ADIn. Perda de objeto, 7/41
Atividade essencial. Ausência de negociação, 2/81

Competência, 17/99
Defensor Público, 18/81
Fundação pública, 11/37
Ofensa reflexa, 5/39
Mandado de injunção, 7/41
Médicos, 17/81
Multa, 2/84, 5/40
Polícia civil, 12/54, 13/63, 17/85, 18/83
Professor, 17/86, 17/87
Servidor Público, 2/90, 6/59, 7/41, 9/110, 10/69, 12/35, 12/39, 12/54, 14/51, 14/56, 14/60, 16/65, 18/84

Guardador de carros, 17/46

Habeas corpus, 4/77, 6/121, 9/58

Habeas data, 5/194

Homossexual, 7/177, 10/186, 15/98

Honorários
Advocatícios, 13/98
Periciais, 18/108

Horas extras, 13/3, 18/37

Idoso, 11/60

Imunidade de jurisdição, 1/40, 6/123, 7/67, 8/58, 13/99, 17/113, 17/129, 17/134

Indenização, 14/22

INFRAERO, 8/22
IPC de março/90. Incidência. Poupança, 5/195
Julgamento. Paridade, 7/90

Juiz classista, 7/93, 7/105, 7/137

Juros
Taxa de 0,5%, 11/61
Taxa de 12%, 3/121, 4/71, 9/60

Justiça Desportiva, 12/97

Justiça do Trabalho
Competência, 2/108, 3/74, 4/71, 9/53, 9/58, 9/71, 15/62, 17/99
Composição, 4/80
Desmembramento, 4/85
Estrutura, 4/80

195

Lista de antiguidade, 7/106
Presidente de TRT, 5/197
V. Poder normativo da Justiça do Trabalho
Legitimidade
Central sindical, 5/35
Confederação sindical, 4/59
Entidade de classe, 9/25
Sindicato. Legitimidade ativa, 4/60, 7/45
Liberdade sindical, 1/49
Desmembramento de sindicato. Alcance do art. 8º, II, da CR/88, 3/64, 3/65, 4/49, 4/50, 4/51, 4/57, 6/67, 9/30, 11/44, 15/53
V. Sindicato
V. Unicidade sindical
Licença-maternidade, 2/50, 15/19, 16/97
Acordo coletivo, 5/23
Contrato por prazo determinado, 16/27
Fonte de custeio, 4/31
Gestante. Estabilidade. Ausência de conhecimento do estado gravídico. Comunicação, 4/28, 6/26, 8/19, 15/19, 16/27
Horas extras, 6/30
Mãe adotiva, 4/32, 6/32, 18/53
Valor, 7/132
Litigância de má-fé, 5/63
Magistrado
Abono variável, 10/118
Adicional por tempo de serviço, 7/108, 10/129, 17/149
Afastamento eventual da Comarca, 8/89
Aposentadoria. Penalidade, 9/90
Aposentadoria. Tempo de serviço, 9/91
Docente. Inexistência de acumulação, 8/90, 9/92
Férias coletivas, 9/93
Justiça desportiva, 12/97
Parcela autônoma de equivalência, 7/109
Promoção por merecimento, 8/99, 17/153
Reajuste de vencimentos, 8/103
Redução de proventos, 10/133
Remoção, 18/126
Responsabilidade civil, 7/122
Tempo de serviço, 9/91, 17/149
Triênio, 9/116, 9/118, 9/120, 9/122, 9/124, 9/126, 9/130, 9/132

Mandato de injunção coletivo. Legitimidade, 6/133

Mandado de segurança coletivo, 8/77, 15/63

Médico
  Abandono de emprego, 16/10
  Jornada de trabalho, 8/104
  Programa Mais Médicos, 17/53

Medidas provisórias
  ADIn. Reedição. Aditamento à inicial, 3/125
  Reedição de Medida Provisória, 2/165
  Relevância e urgência, 3/124

Meio ambiente, 10/182, 18/55

Ministério Público
  Atuação no STF, 13/131, 13/132
  Exercício da advocacia, 14/101
  Filiação partidária, 10/139
  Interesse coletivo, 6/134
  Interesses individuais homogêneos, 7/43
  Legitimidade. Ação coletiva, 10/103
  Legitimidade. Contribuição assistencial, 8/33

Músicos, 15/21, 18/19

Negativa de prestação jurisdicional. Ausência, 5/70

Negociação coletiva
  Governo Estadual. Inconstitucionalidade, 15/55
  Reposição de poder aquisitivo, 6/69, 7/40, 9/26
  V. Dissídio coletivo

Norma coletiva
  Alcance, 2/69
  Não adesão ao contrato de trabalho, 11/40
  Política salarial, 7/40
  Prevalência sobre lei, 5/37
  Reajuste, 3/53

Ordem dos Advogados, 10/141, 15/105

Organização internacional
  Imunidade de execução, 10/104, 17/134
  Imunidade de jurisdição, 13/99, 17/134

P.A.C., 17/137

Pacto de São José da Costa Rica, 7/183, 11/127, 11/129, 11/134, 12/131
V. Tratados internacionais

Participação nos lucros, 12/19

P.D.V., 17/58

Planos econômicos
FGTS. Correção monetária, 4/17
Rescisória. Medida cautelar, 3/90
Violação ao art. 5º, II, da CR/88, 1/17

Poder normativo da Justiça do Trabalho, 6/70
Cláusulas exorbitantes, 10/71
Concessão de estabilidade, 1/76
Conquistas, 1/77
Limitações, 1/74
V. Justiça do Trabalho

Policial militar
Advogado, 18/67
Relação de emprego, 9/20

Portador de necessidades especiais, 6/35

Precatório, 1/106, 2/112, 4/87, 4/96, 5/60, 5/72, 6/145, 7/60, 7/169, 9/62, 11/63, 12/89
Art. 100, § 3º, da Constituição, 6/145, 11/63
Autarquia, 9/62
Correção de cálculos, 8/67
Crédito trabalhista. Impossibilidade de sequestro, 5/72
Instrução normativa n. 11/97-TST. ADIn, 5/75, 7/69
Juros de mora. Atualização, 8/68
Juros de mora. Não incidência, 7/80
Obrigação de pequeno valor. Desnecessidade de expedição, 5/77, 7/71, 9/63
Sequestro, 6/147, 6/148, 7/74, 8/69, 8/71, 8/72, 9/65

Prefeito e Vice-Prefeito
Férias, 13º salário, representação, 15/71

Preposto, 7/85

Prequestionamento, 2/123, 5/79, 6/157, 7/87

Prescrição
Efeitos, 7/88

Execução, 14/76
Extinção do contrato de trabalho, 6/158
Ministério Público. Arguição, 4/100
Mudança de regime, 4/136
Períodos descontínuos, 3/88
Regra geral, 6/160, 10/108
Trabalhador rural, 4/102

Prestação jurisdicional, 2/125

Previdência Complementar, 17/95

Previdência Social, 3/127, 4/173, 5/135, 6/185, 7/129, 9/135, 10/165, 11/117, 12/105, 13/149, 14/109, 15/77, 16/105, 18/135
Anulação de aposentadoria, 15/79
Aposentadoria. Complementação. Petrobras, 4/173
Aposentadoria. Férias não gozadas. Indenização indevida, 3/127
Aposentadoria voluntária, 8/114
Assistência social, 5/147
Auxílio-alimentação. Extensão a aposentados, 3/130, 5/143
Benefícios. Impossibilidade de revisão, 3/128, 4/175, 5/152
Benefícios mais vantajosos, 17/160
Cálculo de benefícios, 7/139
Contribuição. Aposentados e pensionistas, 4/177, 5/158, 8/121, 13/154, 15/81
Contribuição para caixa de assistência, 15/81
Direito adquirido. Aposentadoria. Valor dos proventos, 4/178
Gratificação de Natal, 5/135
Trabalhador rural. Pensão por morte, 3/130
União homoafetiva, 15/98
V. Aposentadoria e contrato de trabalho
V. Benefícios previdenciários

Prisão civil, 7/183
Agricultor, 11/127
Depositário infiel, 4/77, 6/212, 11/129, 12/131
Devedor fiduciante, 11/127, 12/131
Leiloeiro, 11/129

Procedimento sumaríssimo, 4/104

Procuração *apud acta*, 4/106

Professor
Aluno-aprendiz, 15/96
Piso e jornada, 12/21, 15/35

Profissional liberal, 16/34

Programa Mais Médicos
Ver Médico

Providências exclusivas. Pedido esdrúxulo, 6/226

Radiologista, 14/38, 15/45

Reajuste salarial. Inexistência de direito adquirido, 3/29

Receita sindical
Cobrança de não filiados, 3/59, 6/82
Contribuição assistencial. Despacho em recurso extraordinário, 1/69, 3/56, 5/42, 5/44
Contribuição assistencial. Matéria infraconstitucional, 8/33
Contribuição assistencial. Não associados, 9/28
Contribuição assistencial patronal, 10/60
Contribuição confederativa aplicável para urbanos, 1/67
Contribuição confederativa. Autoaplicabilidade, 2/95, 2/96
Contribuição confederativa. Não associados, 7/39
Contribuição confederativa para associados, 1/66, 6/82
Contribuição confederativa programática para rurais, 1/68, 6/83
Contribuição sindical. Competência, 12/84
Contribuição sindical para servidores públicos, 1/72
Contribuição sindical patronal. Empresas escritas no *Simples*, 3/62
Contribuição sindical rural, 5/44, 6/85, 11/55
Contribuição social, 5/158

Reclamação criada em Regimento Interno, 12/91

Recuperação de empresas, 11/23, 13/33

Recurso administrativo em DRT. Multa, 3/132, 4/179, 15/65

Recurso de revista
Cabimento, 8/75
Pressupostos de admissibilidade, 5/86

Recurso extraordinário
Cabimento, 2/130, 4/108
Decisão de Tribunal Regional, 9/68
Decisão interlocutória, 9/67
Descabimento, 4/109, 6/162, 9/67, 9/68
Prequestionamento, 4/109
Violação do contraditório, 4/122

Recurso impróprio, 8/76

Redutor salarial, 14/100

Regime jurídico único, 12/101

Registro
Profissional, 15/61
Público, 9/70
Sindical, 1/49, 8/35, 14/49, 16/63

Repouso semanal remunerado
Alcance do advérbio *preferentemente*. ADIn do art 6º da MP n. 1.539-35/97. Art. 7º, XV, da CR/88, 1/29

Responsabilidade do Estado, 8/164

Responsabilidade subsidiária, 7/89, 14/41, 16/39, 16/45, 16/50, 17/65

Salário-família, 16/98

Salário mínimo, 2/55, 3/11
ADIn. Omissão parcial. Valor, 7/19
Dano moral. Indenização, 4/33
Engenheiro, 17/48
Fixação por decreto, 15/37
Multa administrativa. Vinculação, 4/34
Pensão especial. Vinculação, 4/35
Salário mínimo de referência, 5/29
Salário mínimo. Vinculação, 12/17
Salário profissional. Vedação. Critério discricionário. Aplicação da LICC, 4/36
Radiologista, 14/38, 15/45
Vencimento, 5/130
Vencimento básico. Vinculação, 4/37

Segurança, higiene e saúde do trabalhador, 9/100

Segurança pública, 8/164

Sentença
Críticas à, 14/71
Estrangeira, 9/156

Serviço militar. Remuneração, 12/27

Serviço público
V. Servidor público
V. Concurso público

Servidor público
Acumulação de vencimentos, 6/167, 10/151

Admissão antes da CR/88, 2/139
Admissão no serviço público. Art. 37, II da CR/88. Despachos em recursos extraordinários. ADIMC da Medida Provisória n. 1.554/96, 1/91
Admissão sem concurso, 9/35
Agências reguladoras. Pessoal celetista. ADIn, 5/95
Anistia, 2/153, 2/155
Anuênio e Licença-prêmio, 3/101
Art. 19 do ADCT, 2/163, 8/88
Ascensão funcional, 9/79
Cálculo de vencimentos, 13/140
Competência da Justiça do Trabalho, 4/71, 4/72
Competência da Justiça Federal, 9/94
Concurso Público, 2/148, 3/103, 6/170, 7/94, 8/85
Contraditório, 10/154
Contratação, 11/76
Contratações e dispensas simultâneas, 3/112
Contribuição social, 5/158
Demissão, 9/105
Desvio de função, 5/122, 9/106
Direitos trabalhistas, 16/100
Engenheiro florestal. Isonomia. Vencimento básico. Equivalência ao salário mínimo, 6/171
Estabilidade. Emprego público. Inexistência, 8/87
Estabilidade independentemente de opção pelo FGTS, 3/112, 3/113
Estabilidade. Matéria fática, 7/126
Estabilidade sindical, 5/123, 10/68
Exame psicotécnico. Exigência, 6/176
Exercício da advocacia, 14/101
Férias, 13/139
Gestante, 16/97
Gratificação, 9/109
Greve, 1/86, 2/90, 6/59, 7/41, 9/110, 11/78, 12/35, 14/51, 14/56, 14/60, 16/65
Idade, 9/80
Inativos, 7/103, 7/118
Incompetência da Justiça do Trabalho. Art. 114, da CR/88, 1/101, 7/156
Inexistência de efetividade no cargo, 3/114
Isonomia, 9/81
Jornada de trabalho, 13/143
Limite de vencimento, 18/133

Mandato sindical, 18/88
Matrícula em universidade, 18/130
Médico, 8/104, 16/30
Mudança de regime, 4/136, 5/125, 10/140
Nomeação, 9/78
Ocupante de cargo em comissão, 3/115, 13/139
Oficial de Justiça, 13/143
P.I.P.Q., 7/118
Prestação de serviço. Administração Pública. Art. 19 do ADCT, 4/139
Promoção, 10/146
Quintos e décimos, 10/154
Reajuste de vencimentos de servidores públicos. Art. 39, § 1º, da CR/88, 1/85
Reajuste por ato administrativo, 7/120
Reajuste salarial, 10/159
Regime jurídico único, 12/101
Reintegração, 18/118
Reserva legal, 5/127, 9/112
Responsabilidade civil do Estado, 6/177
Salário-família, 16/98
Serventuário de cartório, 4/142, 9/75
Servidor municipal celetista. Aplicação do art. 41 da CR/88, 3/115
Servidor temporário, 7/128, 9/111, 12/65,16/100
Sociedade de economia mista. Acumulação de cargo público, 4/144, 5/128
Tempo de serviço, 6/178
Tempo de serviço. Adicional por tempo de serviço. Atividade privada, 2/160
Tempo de serviço rural, 7/136
Temporário, 9/111, 11/114, 13/129
Transferência, 18/130
URV, 4/146
Vantagem *sexta-feira*, 6/181
Vencimentos de magistrados, 6/183
V. Concurso público

Sindicato
Associação sindical, 14/49
Cadastro sindical, 16/63
Desmembramento, 11/44

Legitimidade. Relação jurídica. Integração profissional, 7/45
Limite de servidores eleitos, 7/45
Representatividade, 9/30
Registro sindical, 18/89
Serviços a terceiros, 5/47
Verbetes do TST, 17/90
V. Liberdade sindical
V. Registro sindical
V. Unicidade sindical

Sistema "S", 16/55

Subsídios, 7/98

Substituição processual
Alcance, 1/55, 7/46, 10/75
Desnecessidade de autorização, 1/62
Empregados de empresa pública, 1/64
Legitimidade, 2/98, 7/46
Servidores do Banco Central do Brasil, 1/65

Súmulas do STF, 7/143, 12/135, 13/159, 14/123, 15/137, 16/125, 17/163, 18/149

Sustentação oral, 6/164, 7/53

Terceirização, 15/47, 16/39 16/45, 16/50, 17/65, 18/70

Testemunha litigante, 2/131, 3/94, 4/124

Trabalhador rural
Contribuição, 9/146
Funrural, 9/146
Menor de 14 anos, 9/147
Tempo de serviço, 9/147, 13/53

Trabalho forçado, 10/40, 13/51, 16/57, 17/74

Transcendência, 11/67

Tratados internacionais
Competência para denunciar, 7/34
Hierarquia, 2/59, 12/131
V. Convenção n. 158/OIT
V. Pacto de São José da Costa Rica

Tributação, 10/171

Triênio de atividade jurídica
Liminar concedida, 9/116
Liminar negada, 9/120

Turnos ininterruptos de revezamento
Intervalo. Art. 7º, XIV, da CR/88, 1/23, 2/64, 3/30, 5/30, 6/38, 8/26

Unicidade sindical, 1/52, 2/92, 3/67, 10/76, 10/84, 11/44
V. Liberdade sindical

URV, 4/146

Vale-refeição
Reajuste mensal, 8/28
V. Auxílio-alimentação
V. Previdência social

Vale-transporte
Pagamento *in pecunia*, 14/116

Vigilantes, 13/59

Violação ao art. 5º, n. II, CR/88, 1/17

Produção Gráfica e Editoração Eletrônica: GRAPHIEN DIAGRAMAÇÃO E ARTE
Projeto de Capa: FABIO GIGLIO
Impressão: FORMA CERTA GRÁFICA